PONTIFÍCIA COMISSÃO BÍBLICA

A INTERPRETAÇÃO DA BÍBLIA NA IGREJA

*Discurso
de Sua Santidade o Papa João Paulo II
e documento
da Pontifícia Comissão Bíblica*

PONTIFÍCIA COMISSÃO BÍBLICA

A INTERPRETAÇÃO DA BÍBLIA NA IGREJA

*Discurso
de Sua Santidade o Papa João Paulo II
e documento
da Pontifícia Comissão Bíblica*

Paulinas

9ª edição – 2010
9ª reimpressão – 2024

Nenhuma parte desta obra poderá ser reproduzida ou transmitida por qualquer forma e/ou quaisquer meios (eletrônico ou mecânico, incluindo fotocópia e gravação) ou arquivada em qualquer sistema ou banco de dados sem permissão escrita da Editora. Direitos reservados.

Cadastre-se e receba nossas informações
paulinas.com.br
Telemarketing e SAC: 0800-7010081

Paulinas
Rua Dona Inácia Uchoa, 62
04110-020 – São Paulo – SP (Brasil)
📞 (11) 2125-3500
✉ editora@paulinas.com.br
© Pia Sociedade Filhas de São Paulo – São Paulo, 1994

DISCURSO[*]
DE SUA SANTIDADE O PAPA JOÃO PAULO II
SOBRE A INTERPRETAÇÃO DA BÍBLIA NA IGREJA

Introdução

No dia 23 de abril 1993, o Santo Padre recebeu em audiência solene, na Sala Clementina do Palácio Apostólico, no Vaticano, a Pontifícia Comissão Bíblica, Membros do Colégio Cardinalício e do Corpo Diplomático acreditado junto à Santa Sé, por ocasião do Centenário da Encíclica de Leão XIII «Providentissimus Deus», e do Cinqüentenário da «Divino afflante Spiritu» de Pio XII. Durante o encontro, após as palavras de saudação do Cardeal Ratzinger, Presidente da Pontifícia Comissão Bíblica, João Paulo II dirigiu aos ilustres hóspedes o seguinte discurso:

Senhores Cardeais,
Senhores Chefes de Missões diplomáticas,
Senhores Membros da Pontifícia Comissão Bíblica,
Senhores Professores do Pontifício Instituto Bíblico!

1. Agradeço de todo o coração ao Senhor Cardeal Ratzinger os sentimentos que acaba de exprimir, ao apresentar-me o documento elaborado pela

[*] Tradução de *L'Oservatore Romano*, edição semanal em português, 2 de maio de 1993, pp. 6-8.

Pontifícia Comissão Bíblica sobre a interpretação da Bíblia na Igreja. É com alegria que recebo este documento, fruto de um trabalho colegial empreendido por sua iniciativa, Senhor Cardeal, e prosseguido com perseverança durante diversos anos. Ele vem ao encontro de uma preocupação que me está a peito, porque a interpretação da Sagrada Escritura é de importância capital para a fé cristã e para a vida da Igreja. «Com efeito, nos livros Sagrados — como justamente no-lo recordou o Concílio —, o Pai que está nos céus vem amorosamente ao encontro dos seus filhos e conversa com eles; e é tanta a força e a virtude que se encerra na palavra de Deus, que é, na verdade, apoio e vigor para a Igreja, e, para seus filhos, firmeza da fé, alimento da alma, fonte pura e perene da vida espiritual» (*Dei Verbum*, 21). O modo de interpretar os textos bíblicos para os homens e as mulheres de hoje tem conseqüências diretas sobre a relação pessoal e comunitária dos mesmos com Deus, e está também estreitamente ligado à missão da Igreja. Trata-se de um problema vital, que merecia toda a vossa atenção.

2. O vosso trabalho completa-se num momento muito oportuno, porque me dá o ensejo de comemorar convosco dois aniversários ricos de significado: o centenário da Encíclica *Providentissimus Deus*, e o cinqüentenário da Encíclica *Divino afflante Spiritu*, ambas dedicadas às questões bíblicas. A 18 de novembro de 1893, o Papa Leão

XIII, muito atento aos problemas intelectuais, publicava a sua Encíclica sobre os estudos da Sagrada Escritura, com a finalidade, escrevia ele, «de os estimular e de os recomendar» e também de os «orientar de maneira que corresponda melhor às necessidades da época» (*Enchiridion Biblicum*, 82). Cinqüenta anos mais tarde, o Papa Pio XII dava aos exegetas católicos, na sua Encíclica *Divino afflante Spiritu*, novos encorajamentos e novas diretrizes. Entretanto, o Magistério pontifício tinha manifestado a sua constante atenção aos problemas relativos à Sagrada Escritura com numerosas intervenções. Em 1902, Leão XIII criava a Comissão Bíblica; em 1909, Pio X fundava o Instituto Bíblico. Em 1920, Bento XV celebrava o milésimo quingentésimo aniversário da morte de São Jerônimo, com uma Encíclica sobre a interpretação da Bíblia. O vivo impulso dado assim aos estudos bíblicos, encontrou a sua plena confirmação no Concílio Vaticano II, de modo que a Igreja inteira deles se beneficiou. A Constituição dogmática *Dei Verbum* esclarece o trabalho dos exegetas católicos e convida os pastores e os fiéis a nutrirem-se mais assiduamente da palavra de Deus contida nas Escrituras.

Hoje, desejo pôr em realce alguns aspectos do ensinamento destas duas Encíclicas e a validade perene da sua orientação através das circunstâncias mutáveis, a fim de aproveitar melhor o seu contributo.

I. Da «Providentissimus Deus» à «Divino afflante Spiritu»

3. Em primeiro lugar, nota-se, entre estes dois documentos, uma diferença importante. Trata-se da parte polêmica — ou, mais exatamente, apologética — das duas Encíclicas. Com efeito, tanto uma como outra manifestam a preocupação de responder aos ataques contra a interpretação católica da Bíblia, mas estes ataques não tinham o mesmo objetivo. A *Providentissimus Deus,* por um lado, quer sobretudo proteger a interpretação católica da Bíblia contra os ataques da ciência racionalista; por outro lado, a *Divino afflante Spiritu* preocupa-se mais em defender a interpretação católica, contra os ataques que se opõem à utilização da ciência, por parte dos exegetas, e que querem impor uma interpretação não científica, chamada «espiritual» das Sagradas Escrituras.

Esta mudança radical de perspectiva foi devida, obviamente, às circunstâncias. A *Providentissimus Deus* apareceu numa época marcada por polêmicas virulentas contra a fé da Igreja. A exegese liberal trazia a estas polêmicas um apoio importante, porque utilizava todos os recursos das ciências, desde a crítica textual até à geologia, passando pela filologia, pela crítica literária, pela história das religiões, pela arqueologia e ainda por outras disciplinas. Pelo contrário, a *Divino afflante Spiritu* foi publicada pouco tempo depois de uma polêmica muito diferente, surgida sobretudo na

Itália, contra o estudo científico da Bíblia. Um opúsculo anônimo tinha sido largamente difundido, para prevenir contra o que ele descrevia como «um gravíssimo perigo para a Igreja e para as almas: o sistema crítico-científico no estudo e na interpretação da Sagrada Escritura, os seus desvios funestos e as suas aberrações».

4. Tanto num caso como no outro, a reação do Magistério foi significativa, porque, em vez de se limitar a uma resposta puramente defensiva, entrou no âmago do problema e manifestou assim — notamo-lo de passagem — a fé da Igreja no mistério da Encarnação.

Contra as ofensivas da exegese liberal, que apresentava as suas alegações como conclusões fundadas sobre aquisições da ciência, ter-se-ia podido reagir lançando anátema sobre a utilização das ciências na interpretação da Bíblia, e ordenando aos exegetas católicos que se limitassem a uma explicação «espiritual» dos textos.

A *Providentissimus Deus* não envereda por este caminho. Pelo contrário, a Encíclica convida insistentemente os exegetas católicos a adquirirem uma verdadeira competência científica, de modo a superarem os seus adversários no terreno dos mesmos. «O primeiro» meio de defesa, diz ela, «encontra-se no estudo das línguas antigas do Oriente, bem como no exercício da crítica científica» (*E.B.*, 118). A Igreja não tem medo da crítica científica. Ela só teme as opiniões preconcebidas, que têm a presunção de se fundar na ciência mas que, na realidade, fazem sair sub-repticiamente a ciência do seu domínio.

Cinqüenta anos mais tarde, na *Divino afflante Spiritu*, o Papa Pio XII pode notar a fecundidade das diretrizes dadas pela *Providentissimus Deus:* «Graças a um melhor conhecimento das línguas bíblicas e de tudo o que diz respeito ao Oriente, ... numerosas questões levantadas no tempo de Leão XIII contra a autenticidade, a antigüidade, a integridade e o valor histórico dos Livros Sagrados... encontram-se hoje esclarecidas e resolvidas» (*E.B.*, 546). O trabalho dos exegetas católicos, «que fizeram um uso correto das armas intelectuais utilizadas pelos seus adversários» (n. 562), tinha dado frutos. E é precisamente por esta razão que a *Divino afflante Spiritu* se mostra menos preocupada do que a *Providentissimus Deus* com o combate contra as posições da exegese racionalista.

5. Mas tinha-se tornado necessário responder aos ataques provenientes dos partidários de uma exegese chamada «mística (n. 552), que procuravam fazer condenar pelo Magistério os esforços da exegese científica. Como responde a Encíclica? Ela teria podido limitar-se a salientar a utilidade e mesmo a necessidade destes esforços para a defesa da fé, o que teria favorecido uma espécie de dicotomia entre a exegese científica, destinada ao uso externo, e a interpretação espiritual, reservada ao uso interno. Na *Divino afflante Spiritu*, Pio XII evitou deliberadamente envere-

dar por este caminho. Pelo contrário, ele reivindicou a estreita união das duas iniciativas, por um lado salientando o alcance «teológico» do sentido literal, metodologicamente definido (*E.B.*, 251), por outro lado, afirmando que, para poder ser reconhecido como sentido de um texto bíblico, o sentido espiritual deve apresentar garantias de autenticidade. Uma simples inspiração subjetiva não é suficiente. Deve-se poder mostrar que se trata de um sentido «querido por Deus mesmo», de um significado espiritual «dado por Deus» ao texto inspirado (*E.B.*, 552-553). A determinação do sentido espiritual é da competência, pois, também ela, do domínio da ciência exegética.

Verificamos assim que, apesar da grande diversidade das dificuldades a enfrentar, as duas Encíclicas se encontram perfeitamente no nível mais profundo. Elas rejeitam, tanto uma como outra, a ruptura entre o humano e o divino, entre a investigação científica e o olhar da fé, entre o sentido literal e o sentido espiritual. Mostram-se, além disso, em plena harmonia com o mistério da Encarnação.

II. Harmonia entre a exegese católica e o Mistério da Encarnação

6. A estreita relação que une os textos bíblicos inspirados no mistério da Encarnação foi expressa pela Encíclica *Divino afflante Spiritu* nos termos seguintes: «Como o Verbo substancial de

Deus se fez semelhante aos homens em tudo, exceto no pecado, assim também a palavra de Deus, expressa em língua humana, assemelhou-se em tudo à linguagem humana, salvo erro» (E.B., 559). Retomada quase literalmente pela Constituição conciliar *Dei Verbum* (n. 13), esta afirmação põe em luz um paralelismo rico de significado.

É verdade que o fato de as palavras de Deus terem sido postas por escrito, graças ao carisma da inspiração relativa à Sagrada Escritura, foi um primeiro passo para a Encarnação do Verbo de Deus. Estas palavras escritas constituíram, de fato, um meio estável de comunicação e de comunhão entre o povo eleito e o seu único Senhor. Por outro lado, é graças ao aspecto profético destas palavras que foi possível reconhecer o cumprimento do desígnio de Deus, quando «o Verbo se fez homem e habitou entre nós» (*Jo* 1,14). Depois da glorificação celeste da humanidade do Verbo feito homem, é ainda graças a palavras escritas que a sua passagem entre nós permanece testificada de maneira estável. Unidos aos escritos inspirados da Primeira Aliança, os escritos inspirados da Nova Aliança constituem um meio verificável de comunicação e de comunhão entre o povo crente e Deus, Pai, Filho e Espírito Santo. Este meio não pode certamente ser separado do sopro de vida espiritual, que jorrou do Coração de Jesus crucificado e que se propaga graças aos sacramentos da Igreja. Ele tem, contudo, a sua consistência própria, precisamente a de um texto escrito, que merece crédito.

7. Por conseguinte, as duas Encíclicas solicitam os exegetas católicos a permanecerem em plena harmonia com o mistério da Encarnação, mistério de união do divino e do humano, numa existência histórica inteiramente determinada. A existência terrena de Jesus não se define apenas com lugares e datas do início do século I na Judéia e na Galiléia, mas também com a sua radicação na longa história de um pequeno povo do antigo Próximo Oriente, com as suas fraquezas e as suas grandezas, com os seus homens de Deus e os seus pecadores, com a sua lenta evolução cultural e as suas transformações políticas, com as suas derrotas e as suas vitórias, com as suas aspirações à paz e ao reino de Deus. A Igreja de Cristo leva a sério o realismo da Encarnação e é por este motivo que ela atribui uma grande importância ao estudo «histórico-crítico» da Bíblia. Longe de a reprovar, como teriam querido os partidários da exegese «mística», os meus predecessores aprovaram-na vigorosamente. «Artis criticae disciplinam — escrevia Leão XIII —, quippe percipiendae penitus hagiographorum sententiae perutilem, *Nobis vehementer probantibus,* nostri (exegetae, scilicet, catholici) excolant» (Carta Apostólica *Vigilantiae,* para a fundação da Comissão Bíblica, 30 de outubro de 1902: *E.B.,* 142). A mesma «veemência» na aprovação, o mesmo advérbio («vehementer») se encontram na *Divino afflante Spiritu* a propósito das investigações de crítica textual (cf. *E.B.,* 548).

8. A *Divino afflante Spiritu,* como se sabe, recomendou particularmente aos exegetas o estudo dos *gêneros literários* utilizados nos Livros Sagrados, chegando a dizer que a exegese católica deve «adquirir a convicção de que esta parte da sua tarefa não pode ser negligenciada, sem grave dano para a exegese católica» (*E.B.,* 560). Esta recomendação parte da solicitude de compreender o sentido dos textos com toda a exatidão e precisão possíveis e, portanto, no seu contexto cultural histórico. Uma idéia falsa de Deus e da Encarnação leva um certo número de cristãos a tomar uma orientação oposta. Eles têm a tendência a crer que, sendo Deus o Ser absoluto, cada uma das suas palavras tem um valor absoluto, independente de todos os condicionamentos da linguagem humana. Não há motivos, segundo eles, para estudar estes condicionamentos para fazer distinções que relativizariam o alcance das palavras. Mas isto é iludir-se e recusar, na realidade, os mistérios de inspiração relativa à Sagrada Escritura e da Encarnação, aderindo a uma falsa noção do Absoluto. O Deus da Bíblia não é um Ser absoluto que, destruindo tudo aquilo que toca, suprimiria todas as diferenças e todas as nuanças. Ele é, pelo contrário, o Deus criador, que criou a admirável variedade dos seres «cada um segundo a sua espécie», como diz e repete a narração do Gênesis (cf. *Gn,* cap. 1). Longe de destruir as diferenças, Deus respeita-as e valoriza-as (cf. *1Cor* 12,18.24.28). Quando se exprime em linguagem

humana, ele não dá a cada expressão um valor uniforme, mas utiliza-lhe as nuanças possíveis com uma flexibilidade extrema, e aceita-lhe igualmente as limitações. É o que torna a tarefa dos exegetas tão complexa, tão necessária e tão apaixonante! Nenhum aspecto humano da linguagem pode ser negligenciado. Os progressos recentes das investigações lingüísticas, literárias e hermenêuticas levaram a exegese bíblica a juntar, ao estudo dos gêneros literários, muitos outros pontos de vista (retórica, narrativa, estruturalismo); outras ciências humanas, como a psicologia e a sociologia foram igualmente utilizadas. A tudo isto pode-se aplicar as recomendações dadas aos membros da Comissão Bíblica por Leão XIII: «Que eles não considerem alheio ao seu campo nada do que a investigação industriosa dos modernos tiver encontrado de novo; ao contrário, que eles tenham o espírito alerta para adotar sem demora o que cada momento traz de útil à exegese bíblica» (*Vigilantiae: E.B.*, 140). O estudo dos condicionamentos humanos da palavra de Deus deve prosseguir com interesse incessantemente renovado.

9. Contudo, este estudo não é suficiente. Para respeitar a coerência da fé da Igreja e da inspiração da Escritura, a exegese católica deve estar atenta a não se limitar aos aspectos humanos dos textos bíblicos. É preciso que também ajude o povo cristão a perceber mais nitidamente nestes textos a palavra de Deus, de maneira a acolherem-na

melhor para viverem plenamente em comunhão com Deus. Para este fim, é evidentemente necessário que o próprio exegeta perceba nos textos a palavra divina, e isto não lhe é possível senão se o seu trabalho intelectual for alimentado por um impulso de vida espiritual.

Faltando este fundamento, a investigação exegética permanece incompleta; perde de vista a sua finalidade principal e limita-se a tarefas secundárias. Pode mesmo tornar-se uma espécie de evasão. O estudo científico apenas dos aspectos humanos dos textos pode fazer esquecer que a palavra de Deus convida cada um a sair de si mesmo para viver na fé e na caridade.

A encíclica *Providentissimus Deus* recordava, a este respeito, o carácter particular dos Livros Sagrados e a exigência que daí resulta para a sua interpretação: «Os Livros Sagrados — declarava ela — não podem ser comparados com os escritos ordinários mas, dado que foram ditados pelo próprio Espírito Santo e têm um conteúdo de extrema gravidade, misterioso e difícil sob muitos aspectos, precisamos sempre, para os compreender e os explicar, da vida deste mesmo Espírito Santo, ou seja, da sua luz e da sua graça, que é evidentemente necessário pedir numa humilde oração e conservar mediante uma vida consagrada» (*E.B.*, 89). Numa fórmula mais breve, tomada de Santo Agostinho, a *Divino afflante Spiritu* exprimia a mesma exigência: «Orent ut intelligant!» (*E.B.*, 569).

Sim, para chegar a uma interpretação inteiramente válida das palavras inspiradas pelo Espírito Santo, é preciso que cada um seja guiado pelo Espírito Santo e, para isto, é necessário rezar, rezar muito, pedir na oração a luz interior do Espírito, e acolher docilmente esta luz, pedir o amor, o único que torna capaz de compreender a linguagem de Deus, que «é amor» (*1Jo* 4,8.16). Durante o próprio trabalho de interpretação, é necessário manter-se o mais possível na presença de Deus.

10. A docilidade ao Espírito Santo produz e reforça outra disposição, necessária para a justa orientação da exegese: a fidelidade à Igreja. O exegeta católico não alimenta a ilusão individualista a qual leva a crer que, fora da comunidade dos crentes, pode-se compreender melhor os textos bíblicos. O contrário é que é verdade, porque estes textos não foram dados aos investigadores individualmente, «para a satisfação da sua curiosidade ou para lhes fornecer assuntos de estudo e de investigação» (*Divino afflante Spiritu: E.B.*, 566); eles foram confiados à comunidade dos crentes, à Igreja de Cristo, para alimentar a fé e guiar a vida de caridade. O respeito desta finalidade condiciona a validade da interpretação. A *Providentissimus Deus* recordou esta verdade fundamental e observou que, longe de impedir a investigação bíblica, o respeito deste elemento favorece-lhe o autêntico progresso (cf. *E.B.*, 108-109). É confortante verificar que estudos recentes de filo-

sofia hermenêutica trouxeram uma confirmação a este modo de ver e que exegetas de diversas confissões trabalharam em perspectivas análogas, salientando, por exemplo, a necessidade de interpretar cada texto bíblico como fazendo parte do cânon das Escrituras reconhecido pela Igreja, ou estando mais atentos aos contributos da exegese patrística.

Ser fiel à Igreja significa, com efeito, situar-se resolutamente na corrente da grande Tradição que, sob a orientação do Magistério, certo de uma assistência especial do Espírito Santo, reconheceu os escritos canônicos como palavra dirigida por Deus ao seu povo e nunca cessou de os meditar e de descobrir suas inesgotáveis riquezas. O Concílio Vaticano II ainda afirmou: «Todas estas coisas, referentes à interpretação da Escritura, estão sujeitas, em última análise, ao juízo da Igreja, que exerce o divino mandato e o ministério de guardar a palavra de Deus» (*Dei Verbum*, 12).

Não é menos verdade — é ainda o Concílio que o declara, tomando uma afirmação da *Providentissimus Deus* — que «é dever dos exegetas trabalhar... para entenderem e exporem perfeitamente o sentido da Sagrada Escritura, a fim de que, como por meio de um estudo preparatório, amadureça o juízo da Igreja» (*Dei Verbum*, 12; cf. *Providentissimus Deus: E.B.*, 109: «ut, quasi praeparato studio, iudicium Ecclesiae maturetur»).

11. Para desempenharem melhor esta tarefa eclesial muito importante, os exegetas devem ter

a peito permanecer próximos da pregação da palavra de Deus, quer consagrando uma parte do seu tempo a este ministério, quer mantendo relações com aqueles que o exercem e ajudando-os com publicações de exegese pastoral (cf. *Divino afflante Spiritu*, E.B., 551). Eles evitarão, assim, de se perderem nos meandros de uma investigação científica abstrata, que os afastaria do verdadeiro sentido das Escrituras. Com efeito, este sentido não é separável da finalidade dos mesmos, a qual consiste em pôr os crentes em relação pessoal com Deus.

III. O novo documento da Comissão Bíblica

12. Nesta perspectiva — a *Providentissimus Deus* afirmava — «um vasto campo de investigação está aberto ao trabalho pessoal de cada exegeta» (*E.B.*, 109). Cinqüenta anos mais tarde, a *Divino afflante Spiritu* renovava, em termos diferentes, a mesma verificação estimulante: «Permanecem, pois, muitos pontos, e alguns muito importantes, na discussão e na explicação dos quais a penetração do espírito e o talento dos exegetas católicos podem e devem exercer-se livremente» (*E.B.*, 565).

O que era verdade em 1943 ainda o é nos nossos dias, porque o progresso das investigações trouxe soluções para certos problemas e, ao mesmo tempo, novas questões a estudar. Na exegese, como em outras ciências, quanto mais se abrem as fronteiras do desconhecido, tanto mais se alarga o campo a explorar. Menos de cinco anos após a publicação da *Divino afflante Spiritu*, a descoberta dos manuscritos de Qumrân iluminava com uma nova claridade um grande número de problemas bíblicos e abria outros campos de investigações. Depois, muitas descobertas foram feitas e novos métodos de investigação e de análise foram elaborados.

13. Foi esta mudança de situação que tornou necessário um novo exame dos problemas. A Pontifícia Comissão Bíblica dedicou-se a esta tarefa e apresenta hoje o fruto do seu trabalho, intitulado *A interpretação da Bíblia na Igreja*.

O que impressionará à primeira vista neste documento, é *a abertura de espírito* com que foi concebido. Os métodos, as abordagens e as leituras usados hoje na exegese são examinados e, apesar de algumas reservas por vezes graves, que é necessário exprimir reconhece-se, em quase cada um deles, a presença de elementos válidos para uma interpretação integral do texto bíblico.

Porque a exegese católica não tem um método de interpretação próprio e exclusivo mas, começando pela base histórico-crítica, isenta de pressupostos filosóficos ou de outros, contrários à verdade da nossa fé, ela utiliza todos os métodos atuais, procurando em cada um a «semente do Verbo».

14. Outro traço característico desta síntese é o seu *equilíbrio e a sua moderação*. Na sua inter-

pretação da Bíblia, sabe harmonizar a diacronia e a sincronia, reconhecendo que as duas se completam e são indispensáveis para fazer ressaltar toda a verdade do texto e para dar satisfação às legítimas exigências do leitor moderno.

Mais importante ainda, a exegese católica não dedica só a sua atenção aos aspectos humanos da revelação bíblica, o que é por vezes o erro do método histórico-crítico, nem apenas aos aspectos divinos, como quer o fundamentalismo, ela esforça-se em realçar uns e outros, unidos na divina «condescendência» (Dei *Verbum*, 13), que está na base da Escritura inteira.

15. Poder-se-á, por fim, perceber o acento posto neste documento sobre o fato que a *Palavra bíblica ativa se dirige universalmente, no tempo e no espaço*, a toda a humanidade. Se «as palavras de Deus [...] se tornam semelhantes à palavra humana» (*Dei Verbum*, 13), é para serem ouvidas por todos. Não devem permanecer distantes, «acima das tuas forças nem fora do teu alcance. [...] não, elas estão muito perto de ti: estão na tua boca e no teu coração; e tu as podes cumprir» (*Dt* 30,11.14).

Tal é a finalidade da interpretação da Bíblia. Se a tarefa primária da exegese é alcançar o sentido autêntico do texto sagrado ou mesmo os seus diferentes sentidos, é preciso em seguida que ela comunique este sentido ao destinatário da Sagrada Escritura que é, se possível, toda a pessoa humana.

A Bíblia exerce a sua influência no curso dos séculos. Um processo constante de *atualização* adapta a interpretação à mentalidade e à linguagem contemporâneas. O caráter concreto e imediato da linguagem bíblica facilita grandemente esta adaptação, mas a sua radicação em uma cultura antiga causa mais do que uma dificuldade. É preciso, pois, traduzir de novo e sem cessar o pensamento bíblico na linguagem contemporânea, para que ele seja expresso de uma maneira adequada aos ouvintes. Esta tradução deve, contudo, ser fiel ao original, e não pode forçar os textos para os adaptar a uma leitura ou a uma tendência em voga em um dado momento. É preciso mostrar todo o brilho da palavra de Deus, mesmo se ela é «expressa por línguas humanas» (*Dei Verbum,* 13).

A Bíblia está hoje difundida em todos os continentes e em todas as nações. Mas para que a sua ação seja profunda, é preciso que ela tenha ali uma *inculturação* segundo a índole própria de cada povo. Talvez as nações menos marcadas pelos desvios da civilização ocidental moderna compreendam mais facilmente a mensagem bíblica do que as que já são insensíveis à ação da Palavra de Deus, devido à secularização e aos excessos da demitização.

Nos nossos tempos, é necessário um grande esforço, não só da parte dos sábios e dos pregadores, mas também dos divulgadores do pensamento bíblico: eles devem utilizar todos os meios possíveis — e hoje há muitos! — para que o alcance universal da mensagem bíblica seja largamente reconhecido e sua eficácia salvífica possa manifestar-se em toda parte.

Graças a este documento, a interpretação da Bíblia na Igreja poderá encontrar um novo impulso, para o bem do mundo inteiro, a fim de fazer resplandecer a verdade e exaltar a caridade, nas proximidades do Terceiro Milênio.

Conclusão

16. Ao terminar, tenho a alegria, como os meus predecessores Leão XIII e Pio XII, de poder apresentar aos exegetas católicos, e em particular a vós, membros da Pontifícia Comissão Bíblica, tanto agradecimentos como encorajamentos.

Agradeço-vos cordialmente o excelente trabalho que realizais a serviço da palavra de Deus e do Povo de Deus: trabalho de investigação, de ensino e de publicação; ajuda dada à teologia, à liturgia da Palavra e ao ministério da pregação; iniciativas que favorecem o ecumenismo e as boas relações entre cristãos e judeus; participação nos esforços da Igreja para responder às aspirações e às dificuldades do mundo moderno.

A isto, uno os meus calorosos encorajamentos para a nova etapa a percorrer. A complexidade crescente da tarefa requer esforços de todos e uma larga colaboração interdisciplinar. Num mundo onde a investigação científica adquire mais importância em numerosos campos, é indispensável que a ciência exegética se situe a um nível idêntico. É um dos aspectos da inculturação da fé que faz parte da missão da Igreja, em união com o acolhimento do mistério da Encarnação.

Jesus Cristo, Verbo de Deus Encarnado, vos guie nas vossas investigações, ele que abriu o espírito dos seus discípulos à compreensão das Escrituras (*Lc* 24,45)! A Virgem Maria vos sirva de modelo não só pela sua generosa docilidade à palavra de Deus, mas também, e primeiramente, pelo seu modo de aceitar o que lhe tinha sido dito! São Lucas narra-nos que Maria meditava no seu coração as palavras divinas e os acontecimentos que se realizavam «symballousa en tê kardia autês!» (*Lc* 2,19). Pelo seu acolhimento da Palavra, ela é o Modelo e a Mãe dos discípulos (cf. *Jo* 19,27). Ensine-vos ela, pois, a acolher plenamente a Palavra de Deus, não só com a investigação intelectual, mas também com toda a vossa vida!

Para que o vosso trabalho e a vossa ação contribuam cada vez mais para fazer resplandescer a luz das Escrituras, dou-vos de todo o coração a minha Bênção Apostólica.

PONTIFÍCIA COMISSÃO BÍBLICA

A INTERPRETAÇÃO DA BÍBLIA NA IGREJA

Tradução de EDUARDO CAMPAGNANI-FERREIRA

PREFÁCIO AO DOCUMENTO DA COMISSÃO BÍBLICA

O estudo da Bíblia é como a alma da Teologia, assim diz o Vaticano II referindo-se a uma palavra do Papa Leão XIII (*DV* 24). Este estudo jamais chega ao fim; cada época deverá, de um modo novo e próprio, procurar compreender os Livros Sagrados. O aparecimento do método histórico-crítico inaugurou uma nova época na história da interpretação bíblica. Com este método surgiram novas possibilidades de compreender o texto bíblico em sua originalidade. Como tudo o que é humano contém também este método, ao lado de suas possibilidades positivas, certos perigos: a busca do sentido original pode levar a se reter completamente a Palavra no passado e a não permitir que seja percebida em sua atualidade. Com isto pode deixar somente a dimensão humana da Palavra aparecer como real, enquanto o autor mesmo, Deus, encontra-se fora do alcance, por se tratar de um método que foi elaborado precisamente para a compreensão das realidades humanas. O emprego de um método «profano» na Bíblia deveria provocar debates. Tudo o que ajuda um melhor conhecimento da verdade e uma disciplina das próprias representações é útil e valioso para a Teologia. Neste sentido deve este método encontrar acolhida no trabalho teológico. Tudo o que limita nosso horizonte e nos impede de olhar e escutar o que está para além do meramente humano deve ser rompido. Deste modo o aparecimento do método histórico-crítico pôs igualmente em movimento uma disputa em torno de seu alcance e de sua correta forma, disputa esta que de modo algum está encerrada.

Nesta disputa o Magistério da Igreja Católica várias vezes já tomou posição através de importantes documentos. Primeiramente o Papa Leão XIII, no dia 18 de novembro de 1893, com a encíclica *Providentissimus Deus,* assinalou algumas indicações no mapa da exegese. Se numa época em que surgia um liberalismo extremamente seguro de si e conseqüentemente dogmático, Leão XIII se exprimiu sobretudo de modo crítico, sem excluir contudo o que havia de positivo nas novas possibilidades, cinqüenta anos mais tarde graças ao fecundo trabalho de grandes exegetas católicos, o Papa Pio XII em sua encíclica *Divino afflante Spiritu,* de 30 de setembro de 1943, pôde sobretudo encorajar de modo positivo o uso de métodos modernos para tornar fecunda a compreensão da Bíblia. A Constituição do Concílio Vaticano II sobre a divina revelação, *Dei Verbum,* de 18 de novembro de 1965, aproveita tudo isto; este documento nos presenteou com uma síntese, que permanece determinante, constituída pelas intuições perenes da teologia dos Santos Padres e pelos novos conhecimentos metodológicos modernos.

Neste meio tempo o espectro dos métodos do trabalho exegético se ampliou de um modo que não se poderia prever trinta anos atrás. Aparecem novos métodos e novas vias de acesso que vão do estruturalismo até a exegese materialista, psicanalista, liberacionista. Por outro lado existem também novas tentativas em curso para recuperar novamente os métodos da exegese patrística e para abrir formas renovadas de uma interpretação espiritual da Escritura. Deste modo, cem anos depois da *Providentissimus Deus* e cinqüenta anos depois da *Divino afflante Spiritu,* a Pontifícia Comissão Bíblica considera seu dever buscar um posicionamento da exegese católica na presente situação. A Pontifícia Comissão Bíblica, depois de ocorrida sua reformulação na linha do Vaticano II, não é um órgão do Magistério mas uma comissão de peritos. Seus membros são igualmente responsáveis diante da ciência e diante da Igreja quando se posicionam, como exegetas cristãos, com relação aos problemas essenciais da interpretação da Escritura, sabendo que nesta tarefa gozam da confiança do Magistério. Foi assim que surgiu o presente documento. Ele fornece uma fundamentada visão geral do panorama dos métodos atuais e oferece assim aos que procuravam uma orientação sobre as possibilidades e limites destes Caminhos. Pressupondo tudo isto, o texto põe a questão de como pode ser então conhecido o sentido da Escritura. Este sentido no qual se interpenetram palavra humana e Palavra Divina, a singularidade histórica do acontecimento e a perenidade da Palavra eterna, que é contemporânea a qualquer época. A palavra bíblica provém de um passado real, mas não somente do passado, porém igualmente da eternidade de Deus. Ela nos introduz na eternidade divina, mas de novo pelo caminho do tempo, ao qual pertencem o passado, o presente e o futuro. Creio que o documento é realmente útil para a grande questão que gira em torno da via correta para a compreensão da Sagrada Escritura, sendo que fornece elementos que vão além da mesma. Ele retoma a linha das encíclicas de 1893 e 1943 e as desenvolve de modo fecundo. Desejo agradecer aos membros da Comissão Bíblica pelo trabalho paciente e freqüentemente penoso, através do qual gradualmente este texto se constituiu. Desejo ao documento uma vasta difusão, para que seja uma contribuição eficaz na busca de uma mais profunda assimilação da Palavra de Deus na Sagrada Escritura.

Roma, na festa de São Mateus Evangelista, 1993.

JOSEPH Cardeal RATZINGER

INTRODUÇÃO

A interpretação dos textos bíblicos continua a suscitar em nossos dias um vivo interesse e provoca importantes discussões. Elas adquiriram dimensões novas nestes últimos anos. Dada a importância fundamental da Bíblia para a fé cristã, para a vida da Igreja e para as relações dos cristãos com os fiéis das outras religiões, a Pontifícia Comissão Bíblica foi solicitada a se pronunciar a esse respeito.

A. Problemática atual

O problema da interpretação da Bíblia não é uma invenção moderna como algumas vezes se quer fazer crer. A Bíblia mesma atesta que sua interpretação apresenta dificuldades. Ao lado de textos límpidos, ela comporta passagens obscuras. Lendo certos oráculos de Jeremias, Daniel se interrogava longamente sobre o sentido deles (*Dn* 9,2). Segundo os Atos dos Apóstolos, um etíope do primeiro século encontrava-se na mesma situação a propósito de uma passagem do livro de Isaías (*Is* 53,7-8) e reconhecia ter necessidade de um intérprete (*At* 8,30-35). A segunda carta de Pedro declara que «nenhuma profecia da Escritura resulta de uma interpretação particular» (*2Pd* 1,20) e ela observa, de outro lado, que as cartas do apóstolo Paulo contêm «alguns pontos difíceis de entender, que os ignorantes e vacilantes distorcem, como fazem com as demais Escrituras, para sua própria perdição» (*2Pd* 3,16).

O problema é, portanto, antigo mas ele se acentuou com o desenrolar do tempo: doravante, para encontrar os fatos e palavras de que fala a Bíblia, os leitores devem voltar a quase vinte ou trinta séculos atrás, o que não deixa de levantar dificuldades. De outro lado, as questões de interpretação tornaram-se mais complexas nos tempos modernos devido aos progressos feitos pelas ciências humanas. Métodos científicos foram aperfeiçoados no estudo dos textos da antiguidade. Em que proporção esses métodos podem ser considerados apropriados à interpretação da Sagrada Escritura? A esta questão a prudência pastoral da Igreja durante muito tempo respondeu de maneira muito reticente, pois muitas vezes os métodos, apesar de seus elementos positivos, encontravamse ligados a opções opostas à fé cristã. Mas uma evolução positiva se produziu, marcada por uma série de documentos pontifícios, desde a encíclica *Providentissimus Deus* de Leão XIII (18 novembro 1893) até a encíclica *Divino afflante Spiritu* de Pio XII (30 setembro 1943), e ela foi confirmada pela declaração *Sancta Mater Ecclesia* (21 abril 1964) da Pontifícia Comissão Bíblica e sobretudo pela Constituição Dogmática *Dei Verbum* do Concílio Vaticano II (18 novembro 1965).

A *fecundidade* desta atitude construtiva manifestou-se de maneira inegável. Os estudos bíblicos tiveram um progresso notável na Igreja católica e o valor científico deles foi cada vez mais reconhecido no mundo dos estudiosos e entre os fiéis. O diálogo ecumênico foi consideravelmente facilitado. A influência da Bíblia sobre a teologia se aprofundou e contribuiu para a renovação teológica. O interesse pela Bíblia aumentou entre os católicos e favoreceu o progresso da vida cristã. Todos aqueles que adquiriram uma formação séria nesse campo estimam doravante impossível retornar a um estado de interpretação pré-crítica, pois o julgam, com razão, claramente insuficiente.

Mas, ao mesmo tempo em que o método científico mais divulgado — o método «histórico-crítico» — é praticado correntemente em exegese, inclusive na exegese católica, ele mesmo encontra-se em discussão: de um lado, no próprio mundo científico, pela aparição de outros métodos e abordagens, e, de outro, pelas críticas de numerosos cristãos que o julgam deficiente do ponto de vista da fé. Particularmente atento, como seu nome o indica, à evolução histórica dos textos ou das tradições através do tempo — ou *diacronia* — o método histórico-crítico encontra-se atualmente em concorrência, em alguns ambientes, com métodos que insistem na compreensão *sincrônica* dos textos, tratando-se da língua, da composição, da trama narrativa ou do esforço de persuasão deles. Além disso, o cuidado que os métodos diacrônicos têm em reconstituir o passado, para muitos é substituído pela tendência de imerrogar os textos colocando-os em perspectivas do tempo presente, seja de ordem filosófica, psicanalítica, sociológica, política etc. Esse pluralismo de métodos e abordagens é apreciado por alguns como um indício de riqueza, mas a outros ele dá a impressão de uma grande confusão.

Real ou aparente, essa confusão traz novos argumentos aos adversários da exegese científica. O conflito das interpretações manifesta, segundo eles, que não se ganha nada submetendo os textos bíblicos às exigências dos métodos científicos, mas, ao contrário, perde-se bastante. Eles sublinham que a exegese científica obtém como resultado o provocar perplexidade e dúvida sobre inumeráveis pontos que, até então, eram admitidos pacificamente; que ele força alguns exegetas a tomar posições contrárias à fé da Igreja sobre questões de grande importância, como a concepção virginal de Jesus e seus milagres, e até mesmo sua ressurreição e sua divindade.

Mesmo quando não finaliza em tais negações, a exegese científica se caracteriza, segundo eles, por sua esterilidade no que concerne ao progresso da vida cristã. Ao invés de permitir um acesso mais fácil e mais seguro às fontes vivas da Palavra de Deus, ela faz da Bíblia um livro fechado, cuja interpretação sempre problemática exige técnicas refinadas fazendo dela um domínio reservado a alguns especialistas. A estes, alguns aplicam a frase do Evangelho: «Tomastes a chave da ciência! Vós mesmos não entrastes e impedistes os que queriam entrar!» (*Lc* 11,52; cf. *Mt* 23,13).

Em conseqüência, ao paciente trabalho do exegeta científico julga-se necessário substituir abordagens mais simples, como uma ou outra prática de leitura sincrônica que se considera como suficiente, ou mesmo, renunciando a todo estudo, preconiza-se uma leitura da Bíblia dita «espiritual», entendendo-se pela expressão uma leitura unicamente guiada pela inspiração pessoal subjetiva e destinada a alimentar esta inspiração. Alguns procuram na Bíblia sobretudo o Cristo da visão pessoal deles e a satisfação da religiosidade espontânea que têm. Outros pretendem encontrar nela respostas diretas a toda sorte de questões, pessoais ou coletivas. Numerosas são as seitas que propõem como única verdadeira uma interpretação da qual elas afirmam terem tido a revelação.

B. O objetivo deste documento

Há de se considerar seriamente, portanto, os diversos aspectos da situação atual em matéria de interpretação bíblica, de estar atento às críticas, às queixas e às aspirações que se exprimem a esse respeito, de apreciar as possibilidades abertas pelos novos métodos e abordagens e de procurar, enfim, precisar a orientação que melhor corresponde à missão do exegeta na Igreja católica.

Esta é a finalidade deste documento. A Pontifícia Comissão Bíblica deseja indicar os caminhos que convém tomar para chegar a uma interpretação da Bíblia que seja tão fiel quanto possível a seu caráter ao mesmo tempo humano e divino. Ela não pretende tomar aqui posição sobre todas as questões que são feitas a respeito da Bíblia, como por exemplo, a teologia da inspiração. O que ela quer é examinar os métodos suscetíveis de contribuírem com eficácia a valorizar todas as riquezas contidas nos textos bíblicos, a fim de que a Palavra de Deus possa tornar-se sempre mais o alimento espiritual dos membros de seu povo, a fonte para eles de uma vida de fé, de esperança e de amor, assim como uma luz para toda a humanidade (cf. *Dei Verbum*, 21).

Para alcançar este fim, o presente documento:

1. fará uma breve descrição dos diversos métodos e abordagens,[1] indicando suas possibilidades e seus limites;

2. examinará algumas questões de hermenêutica;

3. proporá uma reflexão sobre as dimensões características da interpretação católica da Bíblia e sobre suas relações com as outras disciplinas teológicas;

4. considerará, enfim, o lugar que ocupa a interpretação da Bíblia na vida da Igreja.

[1]. Por «método» exegético compreendemos um conjunto de procedimentos científicos colocados em ação para explicar os textos. Falamos de «abordagem», quando se trata de uma pesquisa orientada segundo um ponto de vista particular.

I. MÉTODOS E ABORDAGENS PARA A INTERPRETAÇÃO

A. Método histórico-crítico

O método histórico-crítico é o método indispensável para o estudo científico do sentido dos textos antigos. Como a Santa Escritura, enquanto «Palavra de Deus em linguagem humana», foi composta por autores humanos em todas as suas partes e todas as suas fontes, sua justa compreensão não só admite como legítimo, mas pede a utilização deste método.

1. *História do método*

Para apreciar corretamente este método em seu estado atual, convém dar uma olhada em sua história. Certos elementos deste método de interpretação são muito antigos. Eles foram utilizados na antiguidade por comentadores gregos da literatura clássica e, mais tarde, durante o período patrístico, por autores como Orígenes, Jerônimo e Agostinho. O método era, então, menos elaborado. Suas formas modernas são o resultado de aperfeiçoamentos, trazidos sobretudo desde os humanistas da Renascença e o *recursus ad fontes* deles. Enquanto que a crítica textual do Novo Testamento só pôde se desenvolver como disciplina científica a partir de 1800, depois que se desligou do *Textus receptus, os* primórdios da crítica literária remontam ao século XVII, com a obra de Richard Simon, que chamou a atenção sobre as repetições, as divergências no conteúdo e as diferenças de estilo observáveis no Pentatêuco, constatações dificilmente conciliáveis com a atribuição de todo o texto a um autor único, Moisés. No século XVIII, Jean Astruc contentou-se ainda em dar como explicação que Moisés tinha se servido de várias fontes (sobretudo de duas fontes principais) para compor o Livro do Gênesis, mas, em seguida, a crítica contesta cada vez mais resolutamente a atribuição da composição do Pentatêuco a Moisés. A crítica literária identificou-se muito tempo com um esforço para discernir diversas fontes nos textos. É assim que se desenvolveu, no século XIX, a hipótese dos «documentos», que procura explicar a redação do Pentatêuco. Quatro documentos, em parte paralelos entre si, mas provenientes de épocas diferentes, teriam sido incorporados: o javista (J), o eloísta (E), o deuteronomista (D) e o sacerdotal (P: do alemão «Priester»); é deste último que o redator final teria se servido para estruturar o conjunto. De maneira análoga, para explicar ao mesmo tempo as convergências e as divergências constatadas entre os três Evangelhos sinóticos, recorreram à hipótese das «duas fontes», segundo a qual os Evangelhos de Mateus e o de Lucas teriam sido compostos a partir de duas fontes principais: o Evangelho de Marcos de um lado e, de outro, uma compilação das palavras de Jesus (chamada Q, do alemão «Quelle», «fonte»). Essencialmente estas duas hipóteses são ainda aceitas atualmente na exegese científica, mas elas são objeto de contestações.

No desejo de estabelecer a cronologia dos textos bíblicos, esse gênero de crítica literária se limitava a um trabalho de cortes e de decomposição para distinguir as diversas fontes e não dava uma atenção suficiente à estrutura final do texto bíblico e à mensagem que ele exprime em seu estado atual (mostrava-se pouca estima pela obra dos redatores). Dessa maneira a exegese histórico-crítica podia aparecer como fragmentária e destrutora, ainda mais que certos exegetas sob a influência da história comparada das religiões, tal como ela se praticava então, ou partindo de concepções filosóficas, emitiam contra a Bíblia julgamentos negativos.

Hermann Gunkel fez o método sair do gueto da crítica literária entendida desta maneira. Se bem que tenha continuado a considerar os livros do Pentatêuco como compilações, ele aplicou sua atenção à textura particular das diferentes partes. Ele procurou definir o gênero de cada uma (por exemplo, «legenda» ou «hino») e seu ambiente de origem ou «Sitz im Lebem» (por exemplo, situação jurídica, liturgia etc.). A esta pesquisa dos gêneros literários assemelha-se o «estudo crítico das formas» («Formgeschichte») inaugurada na exegese dos sinóticos por Martin Dibelius e Rudolf Bultmann. Este último misturou aos estudos de «Formgeschichte» uma hermenêutica bíblica inspirada na filosofia existencialista de Martin Heidegger. Em conseqüência, a Formgeschichte suscitou muitas vezes sérias reservas. Mas este método, em si mesmo, teve como resultado a declaração de que a tradição néo-testamentária obteve sua origem e tomou sua forma na comunidade cristã, ou Igreja primitiva, passando da pregação do próprio Jesus à predicação que proclama que Jesus é o Cristo. «Formgeschichte» aliou-se a «Redaktionsgeschichte», «estudo crítico da redação». Esta última procura colocar em evidência a contribuição pessoal de cada evangelista e as orientações teológicas que guiaram o trabalho de redação deles. Com a utilização deste último método, a série das diferentes etapas do método histórico-crítico tornou-se mais completa: da crítica textual passa-se a uma crítica literária que decompõe (pesquisa das fontes), depois a um estudo crítico das formas, enfim a uma análise da redação, que é atenta ao texto em sua composição. Desta maneira tornou-se possível uma compreensão mais clara da intenção dos autores e redatores da Bíblia, assim como da mensagem que eles dirigiram aos primeiros destinatários. O método histórico-crítico adquiriu então uma importância de primeiro plano.

2. *Princípios*

Os princípios fundamentais do método histórico-crítico em sua forma clássica são os seguintes:

É um método *histórico*, não só porque ele se aplica a textos antigos — no caso, aqueles da Bíblia — e estuda seu alcance histórico, mas também e sobretudo porque ele procura elucidar os processos históricos de produção dos textos bíblicos, processos diacrônicos algumas vezes complicados e de longa duração. Em suas diferentes etapas de produção, os textos da Bíblia são dirigidos a diversas categorias de ouvintes ou de leitores, que se encontravam em situações de tempo e de espaço diferentes.

É um método *crítico*, porque ele opera com a ajuda de critérios científicos tão objetivos quanto possíveis em cada uma de suas etapas (da crítica textual ao estudo crítico da redação), de maneira a tornar acessível ao leitor moderno o sentido dos textos bíblicos, muitas vezes difícil de perceber.

Método analítico, ele estuda o texto bíblico da mesma maneira que qualquer outro texto da antiguidade e o comenta enquanto linguagem humana. Entretanto, ele permite ao exegeta, sobretudo no estudo crítico da redação dos textos, perceber melhor o conteúdo da revelação divina.

3. *Descrição*

No estágio atual de seu desenvolvimento, o método histórico-crítico percorre as seguintes etapas:

A crítica textual, praticada há muito mais tempo, abre a série das operações científicas. Baseando-se no testemunho dos mais antigos e melhores manuscritos, assim como dos papiros, das traduções antigas e da patrística, ela procura, segundo regras determinadas, estabelecer um texto bíblico que seja tão próximo quanto possível do texto original.

O texto é em seguida submetido a uma análise linguística (morfologia e sintaxe) e semântica, que utiliza os conhecimentos obtidos graças aos estudos de filologia histórica. A crítica literária esforça-se então em discernir o início e o fim das unidades textuais, grandes e pequenas, e em verificar a coerência interna dos textos. A existência de repetições, de divergências inconciliáveis e de outros indícios, manifesta o caráter compósito de certos textos. Estes então são divididos em pequenas unidades, das quais estuda-se a dependência possível a diversas fontes. A crítica dos gêneros procura determinar os gêneros literários, ambiente de origem, traços específicos e evolução desses textos. A crítica das tradições situa os textos em correntes de tradição, das quais ela procura determinar a evolução no decorrer da história. Enfim, a crítica da redação estuda as modificações que os textos sofreram antes de terem um estado final fixado, esforçando-se em discernir as orientações que lhes são próprias. Enquanto as etapas precedentes procuraram explicar o texto pela sua gênese, em uma perspectiva diacrônica, esta última etapa termina com um estudo sincrônico: explica-se aqui o texto em si, graças às relações mútuas de seus diversos elementos e considerando-o sob seu aspecto de mensagem comunicada pelo autor a seus contemporâneos. A função pragmática do texto pode então ser levada em consideração.

Quando os textos estudados pertencem a um gênero literário histórico ou estão em relação com acontecimentos da história, a crítica histórica completa a crítica literária para determinar seu alcance histórico, no sentido moderno da expressão.

É desta maneira que são colocadas em evidência as diferentes etapas do desenrolar concreto da revelação bíblica.

4. Avaliação

Que valor dar ao método histórico-crítico, em particular no estágio atual de sua evolução?

É um método que, utilizado de maneira objetiva, não implica em si nenhum *a priori*. Se sua utilização é acompanhada de tais *a priori*, isto não é devido ao método em si mas a opiniões hermenêuticas que orientam a interpretação e podem ser tendenciosas.

Orientado, em seu início, como crítica das fontes e da história das religiões, o método obteve como resultado a abertura de um novo acesso à Bíblia, mostrando que ela é uma coleção de escritos que, muitas vezes, sobretudo para o Antigo Testamento, não têm um autor único, mas tiveram uma longa pré-história inextricavelmente ligada à história de Israel ou àquela da Igreja primitiva. Precedentemente, a interpretação judaica ou cristã da Bíblia não tinha uma consciência clara das condições históricas concretas e diversas nas quais a Palavra de Deus se enraizou. Ela tinha disto um conhecimento global e longínquo. O confronto da exegese tradicional com uma abordagem científica que em seu início fazia conscientemente abstração da fé e algumas vezes mesmo se opunha a ela, foi seguramente dolorosa; depois, no entanto, ela se revelou salutar: uma vez que o método foi liberado dos preconceitos extrínsecos ele conduziu a uma compreensão mais exata da verdade da Santa Escritura (cf. Dei Verbum, 12). Segundo a *Divino afflante Spiritu,* a procura do *sentido literal* da Escritura é uma tarefa essencial da exegese e, para cumprir esta tarefa, é necessário determinar o gênero literário dos textos (cf. *E.B.*, 560), o que se realiza com a ajuda do método histórico-crítico.

Com certeza o uso clássico do método histórico-crítico manifesta limites, pois ele se restringe à procura do sentido do texto bíblico nas circunstâncias históricas de sua produção e não se interessa pelas outras potencialidades de sentido que se manifestaram no decorrer das épocas posteriores da revelação bíblica e da história da Igreja. No entanto, esse método contribuiu para a produção de obras de exegese e de teologia bíblica de grande valor.

Renunciou-se há muito tempo a um amálgama do método com um sistema filosófico. Recentemente uma tendência exegética orientou o método insistindo predominantemente sobre a forma do texto, com menor atenção ao seu conteúdo, mas esta tendência foi corrigida graças à contribuição de uma semântica diferenciada (semântica das palavras, das frases, do texto) e ao estudo do aspecto pragmático dos textos.

A respeito da inclusão no método, de uma análise sincrônica dos textos, deve-se reconhecer que se trata de uma operação legítima, pois é o texto em seu estado final, e não uma redação anterior, que é expressão da Palavra de Deus. Mas o estudo diacrônico continua indispensável para o discernimento do dinamismo histórico que anima a Santa Escritura e para manifestar sua rica complexidade: por exemplo, o código da Aliança (*Ex* 21,23) reflete um estado político, social e religioso da sociedade israelita diferente daquele que refletem as outras legislações conservadas no Deuteronômio (*Dt* 12,26) e no Levítico (código de santidade, *Lv* 17-26). A tendência de reduzir tudo ao aspecto histórico, que se pôde repreender na antiga exegese histórico-crítica, seria o caso que não sucedesse o excesso inverso: o de um esquecimento da história, por parte de uma exegese exclusivamente sincrônica.

Em definitivo, o objetivo do método histórico-crítico é de colocar em evidência, de maneira sobretudo diacrônica, o sentido expresso pelos autores e redatores. Com a ajuda de outros métodos e abordagens, ele abre ao leitor moderno o acesso ao significado do texto da Bíblia, tal como o temos.

B. Novos métodos de análise literária

Nenhum método científico para o estudo da Bíblia está à altura de corresponder à riqueza total dos textos bíblicos. Qualquer que seja sua validade, o método histórico-crítico não pode pretender ser suficiente a tudo. Ele deixa forçosamente obscuros numerosos aspectos dos escritos que estuda. Que não seja surpresa a constatação de que atualmente outros métodos e abordagens são propostos para aprofundar um ou outro aspecto digno de atenção.

Neste parágrafo B apresentaremos alguns métodos de análise literária que se desenvolveram recentemente. Nos parágrafos seguintes (C, D, E) examinaremos brevemente diversas abordagens, das quais algumas estão em relação com o estudo da tradição, outras com as «ciências humanas», outras ainda com situações contemporâneas particulares. Consideramos enfim (F) a leitura fundamentalista da Bíblia, que recusa todo esforço metódico de interpretação.

Aproveitando os progressos realizados em nossa época pelos estudos lingüísticos e literários, a exegese bíblica utiliza cada vez mais métodos novos de análise literária, em particular a análise retórica, a análise narrativa e a análise semiótica.

1. *Análise retórica*

Na realidade, a análise retórica não é em si um método novo. O que é novo, de um lado, é sua utilização sistemática para a interpretação da Bíblia e, de outro, o nascimento e o desenvolvimento de uma «nova retórica».

A *retórica* é a arte de compor discursos persuasivos. Pelo fato de que todos os textos bíblicos são em algum grau textos persuasivos, um certo conhecimento da retórica faz parte do instrumental normal dos exegetas. A análise retórica deve ser conduzida de maneira crítica, pois a exegese científica é um trabalho que se submete necessariamente às exigências do espírito crítico.

Muitos estudos bíblicos recentes deram uma grande atenção à presença da retórica na Escritura. Podemos distinguir três abordagens diferentes. A primeira se baseia na retórica clássica grecolatina; a segunda é atenta aos procedimentos semíticos de composição; a terceira inspira-se nas pesquisas modernas que chamamos «nova retórica».

Toda situação de discurso comporta a presença de três elementos: o orador (ou o autor), o discurso (ou o texto) e o auditório (ou os destinatários). A *retórica clássica* distingue, conseqüentemente, três fatores de persuasão que contribuem para a qualidade de um discurso: a autoridade do orador, a argumentação do discurso e as emoções que ele suscita no auditório. A diversidade de situações e de auditórios influencia imensamente a maneira de falar. A retórica clássica, desde Aristóteles, admite a distinção de três gêneros de eloqüência: o gênero judiciário (diante dos tribunais) o deliberativo (nas assembléias políticas), o demonstrativo (nas celebrações).

Constatando a enorme influência da retórica na cultura helenística, um número crescente de exegetas utiliza tratados de retórica clássica para melhor analisar certos aspectos dos escritos bíblicos, sobretudo daqueles do Novo Testamento.

Outros exegetas concentram a atenção sobre os traços específicos da *tradição literária bíblica*. Enraizada na cultura semítica, ela manifesta uma forte preferência pelas composições simétricas, graças às quais as relações são estabelecidas entre os diversos elementos do texto. O estudo das múltiplas formas de paralelismo e de outros procedimentos semíticos de composição deve permitir um melhor discernimento da estrutura literária dos textos e assim chegar a maior compreensão de sua mensagem.

Tomando um ponto de vista mais geral, a «*nova retórica*» quer ser algo mais que um inventário de figuras de estilo, de artifícios oratórios e de espécies de discurso. Ela busca o porquê tal uso específico da linguagem é eficaz e chega a comunicar uma convicção. Ela se quer «realista», recusando de se limitar à simples análise formal. Ela dá à situação de debate a atenção que lhe é devida. Ela estuda o estilo e a composição enquanto meios de exercer uma ação sobre o auditório. Com esta finalidade ela aproveita as contribuições recentes de disciplinas como a lingüística, a semiótica, a antropologia e a sociologia.

Aplicada à Bíblia, a «nova retórica» quer penetrar no coração da linguagem da revelação enquanto linguagem religiosa persuasiva e medir seu impacto no contexto social da comunicação.

Porque elas trazem um enriquecimento ao estudo crítico dos textos, as análises retóricas merecem muita estima, sobretudo em suas recentes pesquisas. Elas reparam uma negligência que durou muito tempo e fazem descobrir ou colocam mais em evidência perspectivas originais.

A «nova retórica» tem razão de chamar a atenção para a capacidade persuasiva e convincente da linguagem. A Bíblia não é simplesmente enunciação de verdades. É uma mensagem dotada de uma função de comunicação em um certo contexto, uma mensagem que comporta um dinamismo de argumentação e uma estratégia retórica.

As análises retóricas têm, contudo, seus limites. Quando elas se contentam em ser descritivas, seus resultados têm muitas vezes um interesse unicamente estilístico. Fundamentalmente sincrônicas, elas não podem pretender constituir um método independente que seja autosuficiente. Sua aplicação aos textos bíblicos levanta mais de uma questão: os autores destes textos pertenciam aos ambientes mais cultos? Até que ponto eles seguiram as regras de retórica para compor seus escritos? Qual retórica é mais pertinente para a análise de tal escrito determinado: a greco-latina ou a semítica? Não se arrisca em atribuir a certos textos bíblicos uma estrutura retórica elaborada demais? Estas questões — e outras — não devem dissuadir o emprego deste tipo de análise; elas convidam a não recorrer a ele sem discernimento.

2. *Análise narrativa*

A exegese narrativa propõe um método de compreensão e de comunicação da mensagem bíblica que corresponde à forma de relato e de testemunho, modalidade fundamental da comunicação entre pessoas humanas, característica também da Santa Escritura. O Antigo Testamento, efetivamente, apresenta uma história da salvação cujo relato eficaz torna-se substância da profissão de fé, da liturgia e da catequese (cf. *Sl* 78,3-4; *Ex* 12,24-27; *Dt* 6,20-25; 26,5-11). De seu lado, a proclamação do querigma cristão compreende a seqüência narrativa da vida, da morte e da ressurreição de Jesus Cristo, acontecimentos dos quais os Evangelhos nos oferecem um relato detalhado. A catequese se apresenta, ela também sob a forma narrativa (cf. 1*Cor* 11,23-25).

A respeito da abordagem narrativa, convém distinguir métodos de análise e reflexão teológica.

Numerosos *métodos de análise* são atualmente propostos. Alguns partem do estudo dos modelos narrativos antigos. Outros se baseiam sobre um ou outro estudo atual da narrativa, que pode ter pontos comuns com a semiótica. Particularmente atenta aos elementos do texto que dizem respeito ao enredo, às características e ao ponto de vista tomado pelo narrador, a análise narrativa estuda o jeito pelo qual a história é contada de maneira a envolver o leitor no «mundo do relato» e seu sistema de valores.

Vários métodos introduzem uma distinção entre «autor real» e «autor implícito», «leitor real» e «leitor implícito». O «autor real» é a pessoa que compôs o relato. Por «autor implícito» é designada a imagem do autor que o texto produz progressivamente no decorrer da leitura (com sua cultura, seu temperamento, suas tendências, sua fé etc.). Chama-se «leitor real» toda pessoa que tem acesso ao texto, desde os primeiros destinatários que leram ou ouviram ler até os leitores ou ouvintes de hoje. Por «leitor implícito» entende-se aquele que o texto pressupõe e produz, aquele que é capaz de efetuar as operações mentais e afetivas exigidas para entrar no mundo do relato e assim responder a ele da maneira visada pelo autor real através do autor implícito.

Um texto continua a exercer sua influência na medida em que os leitores reais (por exemplo, nós mesmos no fim do século XX) podem se indentificar com o leitor implícito. Uma das maiores tarefas do exegeta é facilitar esta identificação.

À análise narrativa liga-se uma nova maneira de apreciar o alcance dos textos. Enquanto o método histórico-crítico considera antes de tudo o texto como uma «janela», que permite algumas observações sobre uma ou outra época (não apenas sobre os fatos narrados, mas também sobre a situação da comunidade para a qual eles foram contados), sublinha-se que o texto funciona igualmente como um «espelho», no sentido de que ele estabelece uma certa imagem do mundo — o «mundo do relato» — que exerce sua influência sobre a maneira de ver do leitor e o leva a adotar certos valores ao invés de outros.

A este gênero de estudo, tipicamente literário, associou-se a reflexão teológica, que levando em consideração as consequências que a natureza de relato e de testemunho da Santa Escritura representa para a adesão de fé, deduz disso uma hermenêutica de tipo prático e pastoral. Reage-se desta maneira contra a redução do texto inspirado a uma série de teses teológicas, formuladas muitas vezes segundo categorias e linguagem não escriturísticas. Pede-se à exegese narrativa de reabilitar, em contextos históricos novos, os modos de comunicação e de significado próprios ao relato bíblico, a fim de melhor abrir caminho à sua eficácia para a salvação. Insiste-se na necessidade de «contar a salvação» (aspecto «informativo» do relato) e de «contar em vista da salvação» (aspecto de «desempenho»). O relato bíblico, efetivamente, contém — explicitamente ou implicitamente, segundo o caso — um apelo existencial dirigido ao leitor.

Para a exegese da Bíblia, a análise narrativa apresenta uma utilidade evidente, pois ela corresponde à natureza narrativa de um grande número de textos bíblicos. Ela pode contribuir a tornar fácil a passagem, muitas vezes sofrida, entre o sentido do texto em seu contexto histórico — tal como o método histórico-crítico procura defini-lo — e o alcance do texto para o leitor de hoje. Em contraposição, a distinção entre «autor real» e «autor implícito» aumenta a complexidade dos problemas de interpretação.

Aplicando-se aos textos da Bíblia, a análise narrativa não pode se contentar de colar sobre eles modelos pré-estabelecidos. Ela deve ao contrário esforçar-se em corresponder à sua especificidade. Sua abordagem sincrônica dos textos pede para ser completada por estudos diacrônicos. Ela deve, de outro lado, evitar uma possível tendência a excluir toda elaboração doutrinária dos dados que contêm os relatos da Bíblia. Ela se encontraria, então, em desacordo com a própria tradição bíblica que pratica esse gênero de elaboração, e com a tradição eclesial que continuou nesta via. Convém, enfim, notar que não se pode considerar a eficácia existencial subjetiva da Palavra de Deus transmitida narrativamente, como um critério suficiente da verdade de sua compreensão.

3. Análise semiótica

Entre os métodos chamados sincrônicos, isto é, que se concentram sobre o estudo do texto bíblico tal como ele se apresenta ao leitor em seu estado final, coloca-se a análise semiótica que, há uns vinte anos, se desenvolveu bastante em certos meios. Primeiramente chamado pelo termo geral de «estruturalismo», este método pode se propor como descendente do lingüista suíço Ferdinand de Saussure que no início deste século elaborou a teoria segundo a qual toda língua é um sistema de relações que obedece a regras determinadas. Vários lingüistas e literatos tiveram uma influência marcante na evolução do método. A maior parte dos biblistas que utilizam a semiótica para o estudo da Bíblia recorre a Algirdas J. Greimas e à Escola de Paris, da qual ele é o fundador. Abordagens ou métodos análogos, fundados sobre a lingüística moderna, se desenvolvem em outros lugares. É o método de Greimas que iremos apresentar e analisar brevemente.

A semiótica repousa sobre três princípios ou pressupostos principais:

Princípio de imanência: cada texto forma um conjunto de significados: a análise considera todo o texto, mas somente o texto; ela não apela a dados «externos», tais como o autor, os destinatários, os acontecimentos narrados, a história da redação.

Princípio de estrutura do sentido: só há sentido através da relação e no interior dela, especialmente a relação de diferença; a análise de um texto consiste assim em estabelecer a rede de relações (de oposição, de homologação...) entre os elementos, a partir da qual o sentido do texto se constrói.

Princípio da gramática do texto: cada texto respeita uma gramática, isto é, um certo número de regras ou estruturas; em um conjunto de frases, chamado discurso, há diferentes níveis, tendo cada um a sua gramática.

O conteúdo global de um texto pode ser analisado em três níveis diferentes:

O *nível narrativo.* Estuda-se, no relato, as transformações que fazem passar do estado inicial ao estado terminal. No interior de um percurso narrativo, a análise procura retraçar as diversas fases, logicamente ligadas entre elas, que marcam a transformação de um estado em um outro. Em cada uma destas fases, apuram-se as relações entre os «papéis» exercidos por «atuantes» que determinam os estados e produzem as transformações.

O *nível discursivo.* A análise consiste em três operações: *a)* a identificação e a classificação das figuras, isto é, dos elementos de significação de um texto (atores, tempos e lugares); *b)* o estabelecimento dos percursos de cada figura em um texto para determinar a maneira como esse texto o utiliza; *c)* a procura dos valores temáticos das figuras. Esta última operação consiste em distinguir «em nome do que» (= valor) as figuras seguem, nesse texto determinado, tal percurso.

O *nível lógico-semântico*. É o nível chamado profundo. Ele é também o mais abstrato. Ele procede do postulado que formas lógicas e significantes são subjacentes às organizações narrativas e discursivas de todo discurso. A análise a esse nível consiste em precisar a lógica que gera as articulações fundamentais dos percursos narrativos e figurativos de um texto. Para isto um instrumento é muitas vezes empregado, chamado de «quadrado semiótico», figura utilizando as relações entre dois termos «contrários» e dois termos «contraditórios» (por exemplo, branco e negro; branco e não-branco; negro e não-negro).

Os teóricos do método semiótico não cessam de apresentar desenvolvimentos novos. As pesquisas atuais se referem notadamente à enunciação e à inter-textualidade. Aplicado primeiramente aos textos narrativos da Escritura, que se prestam mais facilmente a isso, o método é cada vez mais utilizado para outros tipos de discursos bíblicos.

A descrição dada pela semiótica, e sobretudo o enunciado de seus pressupostos, já deixam perceber as *contribuições* e os *limites* deste método. Estando mais atenta ao fato de que cada texto bíblico é um todo coerente que obedece a mecanismos lingüísticos precisos, a semiótica contribui para a nossa compreensão da Bíblia, Palavra de Deus expressa em linguagem humana.

A semiótica pode ser utilizada para o estudo da Bíblia apenas quando este método de análise é separado de certos pressupostos desenvolvidos na filosofia estruturalista, isto é, a negação dos sujeitos e da referência extra-textual. A Bíblia é a Palavra sobre o real, que Deus pronunciou em uma história e que ele nos dirige hoje por intermédio de autores humanos. A abordagem semiótica deve ser aberta à história: primeiramente àquela dos atores dos textos, em seguida àquela de seus autores e de seus leitores. O risco é grande, entre os utilizadores da análise semiótica, de ficar em um estudo formal do conteúdo e de não liberar a mensagem dos textos.

Se ela não se perde nos mistérios de uma linguagem complicada, mas é ensinada em termos simples em seus elementos principais, a análise semiótica pode dar aos cristãos o gosto de estudar o texto bíblico e de descobrir algumas de suas dimensões de sentido sem possuir todos os conhecimentos históricos que se relacionam à produção do texto e a seu mundo sócio-cultural. Ela pode assim mostrar-se útil na própria pastoral, para uma certa apropriação da Escritura em ambientes não especializados.

C. Abordagens baseadas na Tradição

Mesmo que eles se diferenciem do método histórico-crítico por uma atenção maior à unidade interna dos textos estudados, os métodos literários que acabamos de apresentar permanecem insuficientes para a interpretação da Bíblia, pois eles consideram cada escrito isoladamente. Ora, a Bíblia não se apresenta como um conjunto de textos desprovidos de relações entre eles, mas como um composto de testemunhos de uma mesma e grande Tradição. Para corresponder plenamente ao objeto de seu estudo, a exegese bíblica deve levar em consideração este fato. Tal é a perspectiva adotada por várias abordagens que se desenvolvem atualmente.

1. *Abordagem canônica*

Constatando que o método histórico-crítico encontra algumas vezes dificuldades em alcançar o nível teológico em suas conclusões, a abordagem «canônica», nascida nos Estados Unidos há uns vinte anos, entende por bem conduzir uma tarefa teológica de interpretação partindo do quadro específico da fé: a Bíblia em seu conjunto.

Para fazê-lo, ela interpreta cada texto bíblico à luz do Cânon das Escrituras, isto é, da Bíblia enquanto recebida como norma de fé por uma comunidade de fiéis. Ela procura situar cada texto no interior do único desígnio de Deus, com o objetivo de chegar a uma atualização da Escritura para o nosso tempo. Ela não pretende substituir o método histórico-crítico, mas deseja complementá-lo.

Dois pontos de vista diferentes foram propostos: Brevard S. Childs centraliza seu interesse sobre a forma canônica final do texto (livro ou coleção), forma aceita pela comunidade como tendo autoridade para expressar sua fé e dirigir sua vida.

Mais do que sobre a forma final e estabilizada do texto, James A. Sanders coloca sua atenção sobre o «processo canônico» ou desenvolvimento progressivo das Escrituras às quais a comunidade dos fiéis reconheceu uma autoridade normativa. O estudo crítico deste processo examina como as antigas tradições foram reutilizadas em novos contextos antes de constituir um todo ao mesmo tempo estável e adaptado, coerente e fazendo união de dados divergentes, do qual a comunidade de fé tira sua identidade. Procedimentos hermenêuticos foram acionados no decorrer desse processo e o são ainda após a fixação do Cânon; eles são muitas vezes do gênero do Midrashim, servindo para atualizar o texto bíblico. Eles favorecem uma constante interação entre a comunidade e suas Escrituras, fazendo apelo a uma interpretação que visa tornar contemporânea a tradição.

A abordagem canônica reage com razão contra a valorização exagerada daquilo que é supostamente original e primitivo, como se somente isso fosse autêntico. A Escritura inspirada é a Escritura tal como a Igreja a reconheceu como regra de sua fé. Pode-se insistir a esse respeito, seja sobre a forma final na qual se encontra atualmente cada um dos livros, seja sobre o conjunto que eles constituem como Cânon. Um livro torna-se bíblico somente à luz do Cânon inteiro.

A comunidade dos fiéis é efetivamente o contexto adequado para a interpretação dos textos canônicos. A fé e o Espírito Santo enriquecem a exegese; a autoridade eclesial, que se exerce a serviço da comunidade, deve velar para que a interpretação permaneça fiel à grande Tradição que produziu os textos (cf. *Dei Verbum*, 10).

A abordagem canônica encontra-se às voltas com mais de um problema, sobretudo quando ela procura definir o «processo canônico». A partir de quando pode-se dizer que um texto é canônico? Parece admissível dizer: desde que a comunidade atribui a um texto uma autoridade normativa, mesmo antes da fixação definitiva desse texto. Pode-se falar de uma hermenêutica «canônica» desde que a repetição das tradições, que se efetua levando-se em conta os aspectos novos da situação (religiosa, cultural, teológica), mantém a identidade da mensagem. Mas apresenta-se uma questão: o processo de interpretação que conduziu à formação do Cânon deve ele ser reconhecido como regra de interpretação da Escritura até nossos dias?

De outro lado, as relações complexas entre o Cânon judaico das Escrituras e o Cânon cristão suscitam numerosos problemas para a interpretação. A Igreja cristã recebeu como «Antigo Testamento» os escritos que tinham autoridade na comunidade judaica helenística, mas alguns deles estão ausentes da Bíblia hebraica ou se apresentam sob uma forma diferente. O *corpus* é, então, diferente. Por isso a interpretação canônica não pode ser idêntica, pois cada texto deve ser lido em relação com o conjunto do *corpus*. Mas, sobretudo, a Igreja lê o Antigo Testamento à luz do acontecimento pascal — morte e ressurreição de Cristo Jesus — que traz uma radical novidade e dá, com uma autoridade soberana, um sentido decisivo e definitivo às Escrituras (cf. *Dei Verbum*, 4). Esta nova determinação de sentido faz parte integrante da fé cristã. Ela não deve, portanto, tirar toda consistência à interpretação canônica anterior, aquela que precedeu a Páscoa cristã, pois é preciso respeitar cada etapa da história da salvação. Esvaziar da sua substância o Antigo Testamento seria privar o Novo Testamento de sua raiz na história.

2. *Abordagem com recurso
às tradições judaicas de interpretação*

O Antigo Testamento tomou sua forma final no judaísmo dos quatro ou cinco últimos séculos que precederam a era cristã. Esse judaísmo foi também o ambiente de origem do Novo Testamento e da Igreja nascente. Numerosos estudos de história judaica antiga e principalmente as pesquisas suscitadas pelas descobertas de Qumrân colocaram em relevo a complexidade do mundo judeu, em terra de Israel e na diáspora, ao longo deste período.

É neste mundo que começou a interpretação da Escritura. Um dos mais antigos testemunhos de interpretação judaica da Bíblia é a tradução grega dos Setenta. Os Targumim aramaicos constituem um outro testemunho do mesmo esforço, que continuou até nossos dias, acumulando uma soma prodigiosa de procedimentos sábios para a conservação do texto do Antigo Testamento e para a explicação do sentido dos textos bíblicos. Em todos os tempos, os melhores exegetas cristãos, desde Orígenes e são Jerônimo, procuraram tirar proveito da erudição judaica para uma melhor inteligência da Escritura. Numerosos exegetas modernos seguem esse exemplo.

As tradições judaicas antigas permitem particularmente conhecer melhor a Bíblia judaica dos Setenta, que em seguida tornou-se a primeira parte da Bíblia cristã durante pelo menos os quatro primeiros séculos da Igreja, e no Oriente até nossos dias. A literatura judaica extra-canônica, chamada apócrifa ou intertestamentária, abundante e diversificada, é uma fonte importante para a interpretação do Novo Testamento. Os procedimentos variados de exegese praticados pelo judaísmo das diferentes tendências reencontram-se no próprio Antigo Testamento, por exemplo nas Crônicas em relação aos Livros dos Reis, e no Novo Testamento, por exemplo, em certos raciocínios escriturísticos de são Paulo. A diversidade das formas (parábolas, alegorias, antologia e florilégios, releituras, *pesher*, comparações entre textos distantes, salmos e hinos, visões, revelações e sonhos, composições sapienciais) é comum ao Antigo e ao Novo Testamento assim como à literatura de todos os ambientes judaicos antes e após o tempo de Jesus. Os Targumim e os Midrashim representam a homilética e a interpretação bíblica de grandes setores do judaísmo dos primeiros séculos.

Além disso, numerosos exegetas do Antigo Testamento pedem aos comentadores, gramáticos e lexicógrafos judeus medievais e mais recentes, luzes para a inteligência de passagens obscuras ou de palavras raras e únicas. Mais freqüentes que antigamente, aparecem hoje referências a essas obras judaicas na discussão exegética.

A riqueza da erudição judaica colocada a serviço da Bíblia, desde suas origens na antigüidade até nossos dias, é uma ajuda muito valiosa para o exegeta dos dois Testamentos, à condição, no entanto, de empregá-la com conhecimento de causa. O judaísmo antigo era de uma grande diversidade. A forma farisaica, que prevaleceu em seguida no rabinismo, não era a única. Os textos judeus antigos se escalonam por vários séculos; é importante situá-los cronologicamente antes de fazer comparações. Sobretudo, o quadro geral das comunidades judaicas e cristãs é fundamentalmente diferente: do lado judeu, segundo formas muito variadas, trata-se de uma religião que define um povo e uma prática de vida a partir de um escrito revelado e de uma tradição oral, enquanto que do lado cristão é a fé no Senhor Jesus, morto, ressuscitado e doravante vivo, Messias e Filho de Deus, que reúne uma comunidade. Esses dois pontos de partida criam, para a interpretação das Escrituras, dois contextos que, apesar de muitos contatos e semelhanças, são radicalmente diferentes.

3. Abordagem através da história dos efeitos do texto

Esta abordagem apóia-se sobre dois princípios: *a)* um texto torna-se uma obra literária somente se ele encontra leitores que lhe dão vida apropriando-se dele; *b)* essa apropriação do texto, que pode se efetuar de maneira individual ou comunitária e toma forma em diferentes domínios (literário, artístico, teológico, ascético e místico), contribui para fazer compreender melhor o texto em si.

Sem ser totalmente desconhecida da antiguidade, esta abordagem se desenvolveu entre 1960 e 1970 nos estudos literários, logo que a crítica interessou-se pelas relações entre o texto e seus leitores. A exegese bíblica só podia obter benefícios com esta pesquisa ainda mais que a hermenêutica filosófica afirmava por seu lado a necessária distância entre a obra e seu autor, assim como entre a obra e seus leitores. Nesta perspectiva, começou-se a fazer entrar no trabalho de interpretação a história do efeito provocado por um livro ou uma passagem da Escritura («Wirkungsgeschichte»). Esforça-se em medir a evolução da interpretação no decorrer do tempo em função das preocupações dos leitores e em avaliar a importância do papel da tradição para iluminar o sentido dos textos bíblicos.

Colocar-se em presença do texto e de seus leitores suscita uma dinâmica, pois o texto exerce uma irradiação e provoca reações. Ele faz ressoar um apelo, que é ouvido pelos leitores individualmente ou em grupos. O leitor, aliás, não é nunca um sujeito isolado. Ele pertence a um espaço social e se situa em uma tradição. Ele vem ao texto com suas questões, faz uma seleção, propõe uma interpretação e, finalmente, ele pode criar uma outra obra ou tomar iniciativas que se inspiram diretamente na sua leitura da Escritura.

Os exemplos de uma tal abordagem já são numerosos. A história da leitura do Cântico dos Cânticos oferece um excelente testemunho disso; ela mostra como esse livro foi recebido na época dos Padres da Igreja, no ambiente monástico latino da Idade Média ou ainda por um místico como são João da Cruz; assim ele permite melhor descobrir todas as dimensões do sentido deste escrito. Da mesma maneira no Novo Testamento é possível e útil esclarecer o sentido de uma perícope (por exemplo, aquela do jovem rico em *Mt* 19,16-26) mostrando sua fecundidade no curso da história da Igreja.

Mas a história atesta também a existência de correntes de interpretação tendenciosas e falsas, com efeitos prejudiciais, levando, por exemplo, ao antisemitismo ou a outras discriminações raciais ou ainda a ilusões milenaristas. Vê-se por isso que esta abordagem não pode ser uma disciplina autônoma. Um discernimento é necessário. Deve-se evitar o privilégio de um ou outro momento da história dos efeitos de um texto para fazer dele a única regra de sua interpretação.

D. Abordagens através das ciências humanas

Para se comunicar, a Palavra de Deus se enraizou na vida de grupos humanos (cf. *Ecl* 24,12) e ela traçou a si mesma um caminho através dos condicionamentos psicológicos das diversas pessoas que compuseram os escritos bíblicos. Resulta disso que as ciências humanas — em particular a sociologia, a antropologia e a psicologia — podem contribuir para uma compreensão melhor de certos aspectos dos textos. Convém, no entanto, notar que existem várias escolas, com divergências notáveis sobre a própria natureza dessas ciências. Dito isto, um bom número de exegetas tirou recentemente proveito desse gênero de pesquisas.

1. *Abordagem sociológica*

Os textos religiosos estão unidos por uma conexão de relação recíproca com as sociedades nas quais eles nascem. Esta constatação vale evidentemente para os textos bíblicos. Conseqüentemente o estudo crítico da Bíblia necessita de um conhecimento tão exato quanto possível dos comportamentos sociais que caracterizam os diversos ambientes nos quais as tradições bíblicas se formaram. Esse gênero de informação sócio-histórica deve ser completado por uma explicação sociológica correta, que interprete cientificamente em cada caso, o alcance das condições sociais de existência.

Na história da exegese, o ponto de vista sociológico encontrou seu lugar há muito tempo. A atenção que a «Formgeschichte» deu ao ambiente de origem dos textos («Sitz im Leben») é um testemunho disso: reconhece-se que as tradições bíblicas levam a marca dos ambientes sócio-culturais que as transmitiram. No primeiro terço do século XX a Escola de Chicago estudou a situação sócio-histórica da cristandade primitiva, dando assim à crítica histórica um impulso apreciável nesta direção. No decorrer dos vinte últimos anos (1970-1990), a abordagem sociológica dos textos bíblicos tornou-se parte integrante da exegese.

Numerosas são as questões feitas a esse respeito à exegese do Antigo Testamento. Deve-se perguntar, por exemplo, quais são a diversas formas de organização social e religiosa que Israel conheceu no decorrer de sua história. Para o período anterior à formação de um Estado, o modelo etnológico de uma sociedade acéfala segmentária forneceu uma base de partida suficiente? Como se passou de uma liga de tribos, sem grande coesão, a um Estado organizado em monarquia e, de lá, a uma comunidade baseada simplesmente sobre as ligações religiosas e genealógicas? Quais transformações econômicas, militares e outras foram provocadas na estrutura da sociedade pelo movimento de centralização política e religiosa que conduziu à monarquia? O estudo das normas de comportamento no Antigo Oriente e em Israel não contribui com mais eficácia à inteligência do Decálogo do que as tentativas puramente literárias de reconstrução de um texto primitivo?

Para a exegese do Novo Testamento, as questões são evidentemente diferentes. Citemos algumas delas: para explicar o gênero de vida adotado antes da Páscoa por Jesus e seus discípulos, qual valor pode-se dar à teoria de um movimento de carismáticos itinerantes, vivendo sem domicílio, nem família, nem bens? Foi mantida uma relação de continuidade, baseada sobre o chamado de Jesus a segui-lo, entre a atitude de desprendimento radical adotado por Jesus e aquela do movimento cristão após a Páscoa, nos mais diversos ambientes da cristandade primitiva? O que sabemos da estrutura social das comunidades paulinas, levando-se em conta, em cada caso, a cultura urbana correspondente?

Geralmente a abordagem sociológica dá uma abertura maior ao trabalho exegético e comporta muitos aspectos positivos. O conhecimento dos dados sociológicos que contribuem a fazer compreender o funcionamento econômico, cultural e religioso do mundo bíblico é indispensável à crítica histórica. A tarefa da exegese, de bem compreender o testemunho de fé da Igreja apostólica, não pode ser levada a termo de maneira rigorosa sem uma pesquisa científica que estude os estreitos relacionamentos dos textos do Novo Testamento com a vivência social da Igreja primitiva. A utilização dos modelos fornecidos pela ciência sociológica assegura às pesquisas dos historiadores das épocas bíblicas uma notável capacidade de renovação, mas é preciso, naturalmente, que os modelos sejam modificados em função da realidade estudada.

É o caso aqui de assinalar alguns riscos que a abordagem sociológica faz correr à exegese. Efetivamente, se o trabalho da sociologia consiste em estudar as sociedades vivas, é previsível encontrar algumas dificuldades logo que se quer aplicar seus métodos a ambientes históricos que pertençam a um passado longínquo. Os textos bíblicos e extra-bíblicos não fornecem forçosamente uma documentação suficiente para dar uma visão de conjunto da sociedade da época. Aliás, o método sociológico tende a dar mais atenção aos aspectos econômicos e institucionais da existência humana do que às suas dimensões pessoais e religiosas.

2. Abordagem através da antropologia cultural

A abordagem dos textos bíblicos que utiliza as pesquisas de antropologia cultural está em ligação estreita com a abordagen sociológica. A distinção dessas duas abordagens situa-se ao mesmo tempo a nível da sensibilidade, do método e dos aspectos da realidade que retêm a atenção. Enquanto que a abordagem sociológica — acabamos de dizê-lo — estuda sobretudo os aspectos econômicos e institucionais, a abordagem antropológica interessa-se por um vasto conjunto de outros aspectos que se refletem na linguagem, arte, religião, mas também nos vestuários, ornamentos, festas, danças, mitos, lendas e tudo o que concerne à etnografia.

Geralmente a antropologia cultural procura definir as características dos diferentes tipos de homens no ambiente social deles — como por exemplo, o homem mediterrânico — com tudo o que isso implica de estudo do ambiente rural ou urbano e de atenção voltada aos valores reconhecidos pela sociedade (honra e desonra, segredo, fidelidade, tradição, gênero de educação e de escolas), à maneira pela qual se exerce o controle social, às idéias que se tem da família, da casa, do parentesco, à situação da mulher, dos binômios institucionais (patrão-cliente, proprietário-locatário, benfeitor-beneficiário, homem livre-escravo), sem esquecer a concepção do sagrado e do profano, os tabus, o ritual de passagem de uma situação a outra, a magia, a origem dos recursos, do poder, da informação etc.

Tendo-se por base esses diversos elementos, constitui-se tipologias e «modelos» comuns a várias culturas.

Esse gênero de estudos pode evidentemente ser útil para a interpretação dos textos bíblicos e ele é efetivamente utilizado para o estudo das concepções de parentesco no Antigo Testamento, a posição da mulher na sociedade israelita, a influência dos ritos agrários etc. Nos textos que relatam o ensinamento de Jesus, por exemplo as parábolas, muitos detalhes podem ser esclarecidos graças a essa abordagem. Ocorre o mesmo para as concepções fundamentais, como aquela do reino de Deus, ou para a maneira de conceber o tempo na história da salvação, assim como para os processos de aglutinação das comunidades primitivas. Esta abordagem permite distinguir melhor os elementos permanentes da mensagem bíblica cujo fundamento está na natureza humana, e as determinações contingentes segundo culturas particulares. Todavia, não mais que outras abordagens particulares, ela não está em si à altura de levar em conta as contribuições específicas da revelação. Convém estar ciente disso no momento de apreciar o alcance de seus resultados.

3. *Abordagens psicológicas e psicanalíticas*

Psicologia e teologia não cessaram jamais de estar em diálogo uma com a outra. A extensão moderna das pesquisas psicológicas ao estudo das estruturas dinâmicas do inconsciente suscitou novas tentativas de interpretação dos textos antigos, e assim também da Bíblia. Obras inteiras foram consagradas à interpretação psicanalítica de textos bíblicos. Vivas discussões seguiram-nas: em qual medida e em quais condições as pesquisas psicológicas e psicanalíticas podem contribuir para uma compreensão mais profunda da Santa Escritura?

Os estudos de psicologia e de psicanálise trazem à exegese bíblica um enriquecimento, pois, graças a eles, os textos da Bíblia podem ser melhor entendidos enquanto experiências de vida e regras de comportamento. Sabe-se que a religião está em constante situação de conflito com o inconsciente. Ela participa em larga medida da correta orientação das pulsões humanas. As etapas que a crítica histórica percorre metodicamente precisam ser complementadas por um estudo dos diversos níveis da realidade expressa nos textos. A psicologia e a psicanálise esforçam-se em avançar nesta direção. Elas abrem o caminho para uma compreensão pluridimensional da Escritura, e ajudam a decifrar a linguagem humana da revelação.

A psicologia e, de outra maneira, a psicanálise deram particularmente uma nova compreensão do símbolo. A linguagem simbólica permite exprimir zonas da experiência religiosa que não são acessíveis ao raciocínio puramente conceitual, mas têm valor para a questão da verdade. É por isso que um estudo interdisciplinar conduzido em comum por exegetas e psicólogos ou psicanalistas apresenta vantagens certas, fundadas objetivamente e confirmadas na pastoral.

Numerosos exemplos podem ser citados, que mostram a necessidade de um esforço comum dos exegetas e dos psicólogos: para esclarecer o sentido dos ritos do culto, dos sacrifícios, dos interditos, para explicar a linguagem cheia de imagens da Bíblia, o alcance metafórico dos relatos de milagres, a força dramática das visões e audições apocalípticas. Não se trata simplesmente de descrever a linguagem simbólica da Bíblia, mas apreender sua função de revelação e de interpelação: a realidade «luminosa» de Deus entra aqui em contato com o homem.

O diálogo entre exegese e psicologia ou psicanálise em vista de uma compreensão melhor da Bíblia deve evidentemente ser crítico e respeitar as fronteiras de cada disciplina. Em todo caso, uma psicologia ou uma psicanálise que fosse atéia se tornaria incapaz de considerar os dados da fé. Úteis para definir a extensão da responsabilidade humana, psicologia e psicanálise não devem eliminar a realidade do pecado e da salvação. Deve-se, aliás, evitar de confundir religiosidade espontânea e revelação bíblica ou de prejudicar o caráter histórico da mensagem da Bíblia, que lhe assegura um valor de acontecimento único.

Notemos ainda que não se pode falar da «exegese psicanalítica» como se houvesse apenas uma. Existe, na realidade, provenientes de diversos domínios da psicologia e das diversas escolas, uma grande variedade de conhecimentos suscetíveis de contribuir para a interpretação humana e teológica da Bíblia. Considerar absoluta uma ou outra posição de uma das escolas não favorece a fecundidade do esforço comum, ao contrário lhe é nocivo.

As ciências humanas não se reduzem à sociologia, à antropologia cultural e à psicologia. Outras disciplinas podem também ser úteis para a interpretação da Bíblia. Em todos esses domínios é preciso respeitar as competências e reconhecer que é pouco freqüente que uma mesma pessoa seja ao mesmo tempo qualificada em exegese e em uma ou outra das ciências humanas.

E. **Abordagens contextuais**

A interpretação de um texto é sempre dependente da mentalidade e das preocupações de seus leitores. Estes últimos dão uma atenção privilegiada a certos aspectos e, sem mesmo pensar, negligenciam outros. É então inevitável que exegetas adotem, em seus trabalhos, novos pontos de vista que correspondam a correntes de pensamento contemporâneas que não obtiveram, até aqui, uma importância suficiente. Convém que eles o façam com discernimento crítico. Atualmente os movimentos de libertação e o feminismo retêm particularmente a atenção.

1. *Abordagem da libertação*

A teologia da libertação é um fenômeno complexo que é preciso não simplificar indevidamente. Como movimento teológico ele se consolida no início dos anos 70. Seu ponto de partida, além das circunstâncias econômicas, sociais e políticas dos países da América Latina, encontra-se em dois grandes acontecimentos eclesiais: o Concílio Vaticano II, com sua vontade declarada de *aggiornamento* e de orientação do trabalho pastoral da Igreja em direção às necessidades do mundo atual, e a 2ª Assembléia plenária do CELAM (Conselho Episcopal Latino-americano) em Medellín em 1968, que aplicou os ensinamentos do Concílio às necessidades da América Latina. O movimento se propagou também em outras partes do mundo (África, Ásia, população negra dos Estados Unidos).

É difícil discernir se existe «uma» teologia da libertação e definir seu método. É tão difícil quanto determinar adequadamente sua maneira de ler a Bíblia para indicar em seguida as contribuições e os limites. Pode-se dizer que ela não adota um método especial. Mas, partindo de pontos de vista sócio-culturais e políticos próprios, ela pratica uma leitura bíblica orientada em função das necessidades do povo, que procura na Bíblia o alimento da sua fé e da sua vida.

Ao invés de se contentar com uma interpretação objetivante que se concentra sobre aquilo que diz o texto em seu contexto de origem, procura-se uma leitura que nasça da situação vivida pelo povo. Se este último vive em circunstâncias de opressão, é preciso recorrer à Bíblia para nela procurar o alimento capaz de sustentá-lo em suas lutas e suas esperanças. A realidade presente não deve ser ignorada, mas, ao contrário, afrontada em vista de iluminá-la à luz da Palavra. Desta luz resultará a práxis cristã autêntica, tendendo à transformação da sociedade por meio da justiça e do amor. Na fé, a Escritura se transforma em fator de dinamismo de libertação integral.

Os *princípios* são os seguintes:

Deus está presente na história de seu povo para salvá-lo. Ele é o Deus dos pobres, que não pode tolerar a opressão nem a injustiça.

É por isso que a exegese não pode ser neutra, mas deve tomar partido pelos pobres no seguimento de Deus, e engajar-se no combate pela libertação dos oprimidos.

A participação a esse combate permite, precisamente, fazer aparecer sentidos que se descobrem somente quando os textos bíblicos são lidos em um contexto de solidariedade efetiva com os oprimidos.

Como a libertação dos oprimidos é um processo coletivo, a comunidade dos pobres é a melhor destinatária para receber a Bíblia como palavra de libertação. Além disso, os textos bíblicos tendo sido escritos para comunidades, é a comunidades que em primeiro lugar a leitura da Bíblia é confiada. A Palavra de Deus é plenamente atual, graças sobretudo à capacidade que possuem os «acontecimentos fundadores» (a saída do Egito, a paixão e a ressurreição de Jesus) de suscitar novas realizações no curso da história.

A teologia da libertação compreende elementos cujo valor é indubitável: o sentido profundo da presença de Deus que salva; a insistência sobre a dimensão comunitária da fé; a urgência de uma práxis libertadora enraizada na justiça e no amor; uma releitura da Bíblia que procura fazer da Palavra de Deus a luz e o alimento do povo de Deus em meio a suas lutas e suas esperanças. Assim é sublinhada a plena atualidade do texto inspirado.

Mas a leitura tão engajada da Bíblia comporta riscos. Como ela é ligada a um movimento em plena evolução, as observações que seguem não podem ser senão provisórias.

Essa leitura se concentra sobre textos narrativos e proféticos que iluminam situações de opressão e que inspiram uma práxis tendendo a uma mudança social: aqui ou lá ela pôde ser parcial, não dando tanta atenção a outros textos da Bíblia. É certo que a exegese não pode ser neutra, mas ela deve também evitar de ser unilateral. Aliás, o engajamento social e político não é a tarefa direta do exegeta.

Querendo inserir a mensagem bíblica no contexto sócio-político, teólogos e exegetas foram levados ao recurso de instrumentos de análise da realidade social. Nesta perspectiva, algumas correntes da teologia da libertação fizeram uma análise inspirada em doutrinas materialistas e é nesse quadro também que elas leram a Bíblia, o que não deixou de provocar questões, notadamente no que concerne ao princípio marxista da luta de classes.

Sob a pressão de enormes problemas sociais, o acento foi colocado principalmente sobre uma escatologia terrestre, muitas vezes em detrimento da dimensão escatológica transcendente da Escritura.

As mudanças sociais e políticas conduzem esta abordagem a se propor novas questões e a procurar novas orientações. Para seu desenvolvimento ulterior e sua fecundidade na Igreja, um fator decisivo será o esclarecimento de seus pressupostos hermenêuticos, de seus métodos e de sua coerência com a fé e a Tradição do conjunto da Igreja.

2. *Abordagem feminista*

A hermenêutica bíblica feminista nasceu por volta do fim do século XIX nos Estados Unidos, no contexto sócio-cultural da luta pelos direitos da mulher, com o comitê de revisão da Bíblia. Este último produziu o «The Woman's Bible» em dois volumes (New York 1885, 1898). Esta corrente se manifestou com grande vigor e teve um enorme desenvolvimento a partir dos anos 70, em ligação com o movimento de libertação da mulher, sobretudo na América do Norte. Melhor dizendo, deve-se distinguir várias hermenêuticas bíblicas feministas, pois as abordagens utilizadas são muito diversas. A unidade delas provém do tema comum, isto é a mulher, e do fim perseguido: a libertação da mulher e a conquista de direitos iguais aos do homem.

Deve-se mencionar aqui três formas principais da hermenêutica bíblica feminista: a forma radical, a forma néo-ortodoxa e a forma crítica.

A forma *radical* recusa completamente a autoridade da Bíblia, dizendo que ela foi produzida por homens em vista de assegurar a dominação do homem sobre a mulher (androcentrismo).

A forma *neo-ortodoxa* aceita a Bíblia como profecia e suscetível de servir, na medida em que ela toma partido pelos fracos e assim também pela mulher; esta orientação é adotada como «cânon no cânon», para colocar em relevo tudo aquilo que é em favor da libertação da mulher e de seus direitos.

A forma *crítica* utiliza uma metodologia sutil e procura redescobrir a posição e o papel da mulher cristã no movimento de Jesus e nas Igrejas paulinas. Naquela época ter-se-ia adotado o igualitarismo. Mas esta situação teria sido mascarada, em grande parte, nos escritos do Novo Testamento e ainda mais na sua sequência, tendo progressivamente prevalecido o patriarcalismo e o androcentrismo.

A hermenêutica feminista não elaborou um método novo. Ela se serve dos métodos correntes em exegese, especialmente o método histórico-crítico. Mas ela acrescenta dois critérios de investigação.

O primeiro é o critério feminista, tomado do movimento de libertação da mulher, na linha do movimento mais geral da teologia da libertação. Ele utiliza uma hermenêutica da suspeita: tendo a história sido regularmente escrita pelos vencedores, para encontrar a verdade não se deve confiar nos textos, mas procurar neles indícios que revelem outra coisa.

O segundo critério é sociológico; ele se baseia no estudo das sociedades dos tempos bíblicos, de sua estratificação social e da posição que a mulher ocupava.

No que concerne aos escritos neotestamentários, o objeto do estudo, em definitivo, não é a concepção da mulher expressa no Novo Testamento, mas a reconstrução histórica de duas situações diferentes da mulher no primeiro século: aquela que era habitual na sociedade judaica e greco-romana e a outra, inovadora, instituída no movimento de Jesus e nas Igrejas paulinas, onde se teria formado «uma comunidade de discípulos de Jesus, todos iguais». Um dos apoios invocados para sustentar esta visão das coisas é o texto de *Gl* 3,28. O objetivo é redescobrir para o presente a história esquecida do papel da mulher na Igreja das origens.

Numerosas são as contribuições positivas que provêm da exegese feminista. As mulheres tomaram assim uma parte mais ativa na pesquisa exegética. Elas conseguiram, muitas vezes melhor do que os homens, perceber a presença, o significado e o papel da mulher na Bíblia, na história das origens cristãs e na Igreja. O horizonte cultural moderno, graças a sua maior atenção à dignidade da mulher e ao papel dela na sociedade e na Igreja, faz com que sejam dirigidas ao texto bíblico interrogações novas, ocasiões de novas descobertas. A sensibilidade feminina leva a revelar e a corrigir certas interpretações correntes, que eram tendenciosas e visavam justificar a dominação do homem sobre a mulher.

No que concerne ao Antigo Testamento, vários estudos esforçaram-se de chegar a uma compreensão melhor da imagem de Deus. O Deus da Bíblia não é projeção de uma mentalidade patriarcal. Ele é Pai, mas ele é também Deus de ternura e de amor maternais.

Na medida em que a exegese feminista se fundamenta sobre uma idéia preconcebida, ela se expõe a interpretar os textos bíblicos de maneira tendenciosa e portanto contestável. Para provar suas teses ela deve muitas vezes, na falta de melhor, recorrer a argumentos *ex silentio*. É sabido que estes são geralmente duvidosos; eles não podem nunca bastar para estabelecer solidamente uma conclusão. De outro lado, a tentativa feita para reconstituir, graças a indícios fugitivos discernidos nos textos, uma situação histórica que esses mesmos textos pretendem querer esconder, não corresponde mais a um trabalho de exegese propriamente dito, pois ela conduz à rejeição dos textos inspirados preferindo uma construção hipotética diferente.

A exegese feminista propõe muitas vezes questões de poder na Igreja que são, sabe-se, objeto de discussões e mesmo de confrontos. Nesse domínio, a exegese feminista só poderá ser útil à

Igreja na medida em que ela não cair nas armadilhas mesmas que denuncia e quando ela não perder de vista o ensinamento evangélico sobre o poder como serviço, ensinamento dirigido por Jesus a todos os seus discípulos, homens e mulheres.[2]

F. Leitura fundamentalista

A leitura fundamentalista parte do princípio de que a Bíblia, sendo Palavra de Deus inspirada e isenta de erro, deve ser lida e interpretada literalmente em todos os seus detalhes. Mas por «interpretação literal» ela entende uma interpretação primária, literalista, isto é, excluindo todo esforço de compreensão da Bíblia que leve em conta seu crescimento histórico e seu desenvolvimento. Ela se opõe assim à utilização do método histórico-crítico, como de qualquer outro método científico, para a interpretação da Escritura.

A leitura fundamentalista teve sua origem na época da Reforma, com uma preocupação de fidelidade ao sentido literal da Escritura. Após o século das Luzes, ela se apresentou no protestantismo como uma proteção contra a exegese liberal. O termo «fundamentalista» é ligado diretamente ao Congresso Bíblico Americano realizado em Niagara, Estado de New York, em 1895. Os exegetas protestantes conservadores definiram nele

---

2. O texto desta última alínea foi escolhido por 11 votos favoráveis entre 19 votantes; 4 votaram contra e 4 se abstiveram. Os oponentes pediram que o resultado da votação fosse publicado com o texto. A Comissão comprometeu-se em fazê-lo.

«cinco pontos de fundamentalismo»: a inerrância verbal da Escritura, a divindade de Cristo, seu nascimento virginal, a doutrina da expiação vicária e a ressurreição corporal, quando da segunda vinda de Cristo. Logo que a leitura fundamentalista da Bíblia se propagou em outras partes do mundo ela fez nascer outras espécies de leituras, igualmente «literalistas», na Europa, Ásia, África e América do Sul. Esse gênero de leitura encontra cada vez mais adeptos, no decorrer da última parte do século XX, em grupos religiosos e seitas assim como também entre os católicos.

Se bem que o fundamentalismo tenha razão em insistir sobre a inspiração divina da Bíblia, a inerrância da Palavra de Deus e as outras verdades bíblicas incluídas nos cinco pontos fundamentais, sua maneira de apresentar essas verdades está enraizada em uma ideologia que não é bíblica, apesar do que dizem seus representantes. Ela exige uma forte adesão a atitudes doutrinárias rígidas e impõe, como fonte única de ensinamento a respeito da vida cristã e da salvação, uma leitura da Bíblia que recusa todo questionamento e toda pesquisa crítica.

O problema de base dessa leitura fundamentalista é que recusando levar em consideração o caráter histórico da revelação bíblica, ela se torna incapaz de aceitar plenamente a verdade da própria Encarnação. O fundamentalismo foge da estreita relação do divino e do humano no relacionamento com Deus. Ele se recusa em admitir que a Palavra de Deus inspirada foi expressa em linguagem humana e que ela foi redigida, sob a inspiração divina, por autores humanos cujas capacidades e recursos eram limitados. Por esta razão, ele tende a tratar o texto bíblico como se ele tivesse sido ditado palavra por palavra pelo Espírito e não chega a reconhecer que a Palavra de Deus foi formulada em uma linguagem e uma fraseologia condicionadas por uma ou outra época. Ele não dá nenhuma atenção às formas literárias e às maneiras humanas de pensar presentes nos textos bíblicos, muitos dos quais são fruto de uma elaboração que se estendeu por longos períodos de tempo e leva a marca de situações históricas muito diversas.

O fundamentalismo insiste também de uma maneira indevida sobre a inerrância dos detalhes nos textos bíblicos, especialmente em matéria de fatos históricos ou de pretensas verdades científicas. Muitas vezes ele torna histórico aquilo que não tinha a pretensão de historicidade, pois ele considera como histórico tudo aquilo que é reportado ou contado com os verbos em um tempo passado, sem a necessária atenção à possibilidade de um sentido simbólico ou figurativo.

O fundamentalismo tem muitas vezes tendência a ignorar ou a negar os problemas que o texto bíblico comporta na sua formulação hebraica, aramaica ou grega. Ele é muitas vezes estreitamente ligado a uma tradição determinada, antiga ou moderna. Ele se omite igualmente de considerar as «releituras» de certas passagens no interior da própria Bíblia.

No que concerne aos Evangelhos, o fundamentalismo não leva em consideração o crescimento da tradição evangélica, mas confunde ingenuamente o estágio final desta tradição (o que os evangelistas escreveram) com o estágio inicial (as ações e as palavras do Jesus da história). Ele negligencia assim um dado importante: a maneira com a qual as próprias primeiras comunidades cristãs compreenderam o impacto produzido por Jesus de Nazaré e sua mensagem. Ora, aqui está um testemunho da origem apostólica da fé cristã e sua expressão direta. O fundamentalismo desnatura assim o apelo lançado pelo próprio Evangelho.

O fundamentalismo tem igualmente tendência a uma grande estreiteza de visão, pois ele considera conforme à realidade uma antiga cosmologia já ultrapassada, só porque se encontra expressa na Bíblia; isso impede o diálogo com uma concepção mais ampla das relações entre a cultura e a fé. Ele se apóia sobre uma leitura não-crítica de certos textos da Bíblia para confirmar idéias políticas e atitudes sociais marcadas por preconceitos, racistas, por exemplo, simplesmente contrários ao Evangelho cristão.

Enfim, em sua adesão ao princípio do «sola Scriptura», o fundamentalismo separa a interpretação da Bíblia da Tradição guiada pelo Espírito, que se desenvolve autenticamente em ligação com a Escritura no seio da comunidade de fé. Falta-lhe entender que o Novo Testamento tomou forma no interior da Igreja cristã e que ele é Escritura Santa desta Igreja, cuja existência precedeu a composição de seus textos. Assim, o fundamentalismo é muitas vezes anti-eclesial; ele considera negligenciáveis os credos, os dogmas e as práticas litúrgicas que se tornam parte da tradição eclesiástica, como também a função de ensinamento da própria Igreja. Ele se apresenta como uma forma de interpretação privada, que não reconhece que a Igreja é fundada sobre a Bíblia e tira sua vida e sua inspiração das Escrituras.

A abordagem fundamentalista é perigosa, pois ela é atraente para as pessoas que procuram respostas bíblicas para seus problemas da vida. Ela pode enganá-las oferecendo-lhes interpretações piedosas mas ilusórias, ao invés de lhes dizer que a Bíblia não contém necessariamente uma resposta imediata a cada um desses problemas. O fundamentalismo convida, sem dizê-lo, a uma forma de suicídio do pensamento. Ele coloca na vida uma falsa certeza, pois ele confunde inconscientemente as limitações humanas da mensagem bíblica com a substância divina dessa mensagem.

II. QUESTÕES DE HERMENÊUTICA

A. Hermenêuticas filosóficas

A atividade da exegese é chamada a ser repensada levando-se em consideração a hermenêutica filosófica contemporânea, que colocou em evidência a implicação da subjetividade no conhecimento, especialmente no conhecimento histórico. A reflexão hermenêutica teve nova força com a publicação dos trabalhos de Friedrich Schleiermacher, Wilhelm Dilthey e, sobretudo, Martin Heidegger. Na trilha destes filósofos, mas também distanciando-se deles, diversos autores aprofundaram a teoria hermenêutica contemporânea e suas aplicações à Escritura. Entre eles mencionaremos especialmente Rudolf Bultmann, Hans Georg Gadamer e Paul Ricoeur. Não se pode aqui resumir-lhes o pensamento. Será suficiente indicar algumas idéias centrais da filosofia deles, aquelas que têm uma incidência sobre a interpretação dos textos bíblicos.[3]

1. *Perspectivas modernas*

Constatando a distância cultural entre o mundo do primeiro século e aquele do século XX,

---

3. A hermenêutica da Palavra desenvolvida por Gerhard Ebeling e Ernst Fuchs parte de uma outra abordagem e depende de um outro campo de pensamento. Trata-se mais de uma teologia hermenêutica do que uma filosofia hermenêutica. Ebeling está de acordo, no entanto, com autores tais como Bultmann e Ricoeur para afirmar que a Palavra de Deus só acha plenamente seu sentido quando encontra aqueles aos quais ela se dirige.

e preocupado em obter que a realidade da qual trata a Escritura fale ao homem contemporâneo, *Bultmann* insistiu na pré-compreensão necessária a toda compreensão e elaborou a teoria da interpretação existencial dos escritos do Novo Testamento. Apoiando-se no pensamento de Heidegger, ele afirma que a exegese de um texto bíblico não é possível sem pressupostos que dirigem a compreensão. A pré-compreensão («Vorverständnis») é fundamentada na relação vital («Lebensverhält nis») do intérprete com a coisa da qual fala o texto. Para evitar subjetivismo, é preciso no entanto que a pré-compreensão se deixe aprofundar e enriquecer, até mesmo se modificar e se corrigir, por aquilo do qual fala o texto.

Interrogando-se sobre a conceituação justa que definirá o questionamento a partir do qual os textos da Escritura poderão ser entendidos pelo homem de hoje, Bultmann pretende encontrar a resposta na analítica existencial de Heidegger. Os existenciais heldeggerianos teriam um alcance universal e ofereceriam as estruturas e os conceitos mais apropriados para a compreensão da existência humana revelada na mensagem do Novo Testamento.

Gadamer sublinha igualmente a distância histórica entre o texto e seu intérprete. Ele retoma e desenvolve a teoria do círculo hermenêutico. As antecipações e as pré-concepções que marcam nossa compreensão provêm da tradição que nos sustenta. Esta consiste em um conjunto de dados históricos e culturais, que constituem nosso contexto vital, nosso horizonte de compreensão. O intérprete deve entrar em diálogo com a realidade à qual se refere o texto. A compreensão se opera na fusão dos horizontes diferentes do texto e de seu leitor («Horizontverschmelzung»). Ela só é possível se há uma dependência («Zugehörigkeit»), isto é, uma afinidade fundamental entre o intérprete e seu objeto. A hermenêutica é um processo dialético: a compreensão de um texto é sempre uma compreensão mais ampla de si mesmo.

Do pensamento hermenêutico de Ricoeur retém-se primeiramente o relevo dado à função de distanciação como condição necessária a uma justa apropriação do texto. Uma primeira distância existe entre o texto e seu autor, pois, uma vez produzido, o texto adquire certa autonomia em relação a seu autor; ele começa uma carreira de sentidos. Uma outra distância existe entre o texto e seus leitores sucessivos; estes devem respeitar o mundo do texto em sua alteridade. Os métodos de análise literária e histórica são assim necessários à interpretação. No entanto, o sentido de um texto só pode ser dado plenamente se ele é atualizado na vida de leitores que se apropriam dele. A partir da própria situação, os leitores são chamados a realçar significados novos, na linha do sentido fundamental indicado pelo texto. O conhecimento bíblico não deve se fixar só na linguagem; ele procura atingir a realidade da qual fala o texto. A linguagem religiosa da Bíblia é uma linguagem simbólica que «faz pensar», uma linguagem da qual não se cessa de descobrir as riquezas de sentido, uma linguagem que visa uma realidade transcendente e que, ao mesmo tempo, desperta a pessoa humana à dimensão profunda de seu ser.

2. *Utilidade para a exegese*

O que dizer dessas teorias contemporâneas de interpretação dos textos? A Bíblia é Palavra de Deus para todas as épocas que se sucedem. Conseqüentemente não se poderia dispensar uma teoria hermenêutica que permite incorporar os métodos de crítica literária e histórica em um modelo de interpretação mais amplo. Trata-se de ultrapassar a distância entre o tempo dos autores e primeiros destinatários dos textos bíblicos e nossa época contemporânea, de modo a atualizar corretamente a mensagem dos textos para alimentar a vida de fé dos cristãos. Toda exegese dos textos é chamada a ser completada por uma «hermenêutica», no sentido recente do termo.

A necessidade de uma hermenêutica, isto é, de uma interpretação no hoje do nosso mundo, encontra um fundamento na própria Bíblia e na história de sua interpretação. O conjunto dos escritos do Antigo e do Novo Testamento apresenta-se como o produto de um longo processo de reinterpretação dos acontecimentos fundadores, ligado com a vida das comunidades de fiéis. Na tradição eclesial, os primeiros intérpretes da Escritura, os Padres da Igreja, consideravam que a exegese que faziam dos textos só era completa quando eles evidenciavam o sentido para os cristãos do tempo deles e na situação em que viviam. Só se é fiel à intencionalidade do textos bíblicos na medida que se tenta reencontrar no coração de sua formulação a realidade de fé que eles exprimem, e se esta se liga à experiência dos fiéis do nosso mundo.

A hermenêutica contemporânea é uma reação sadia ao positivismo histórico e à tentação de aplicar ao estudo da Bíblia os critérios de objetividade utilizados nas ciências naturais. De um lado os acontecimentos narrados na Bíblia são acontecimentos interpretados. De outro lado, toda exegese dos relatos desses acontecimentos implica necessariamente a subjetividade do exegeta. O conhecimento justo do texto bíblico só é acessível àquele que tem uma afinidade viva com aquilo do qual fala o texto. A pergunta que se faz a todo intérprete é a seguinte: qual teoria hermenêutica torna possível a justa apreensão da realidade profunda da qual fala a Escritura e sua expressão significativa para o homem de hoje?

É preciso reconhecer, efetivamente, que certas teorias hermenêuticas são inadequadas para interpretar a Escritura. Por exemplo, a interpretação existencial de Bultmann conduz ao aprisionamento da mensagem cristã na argola de uma filosofia particular. Além disso, em virtude dos pressupostos que comandam esta hermenêutica, a mensagem religiosa da Bíblia é esvaziada em grande parte de sua realidade objetiva (na seqüência de uma excessiva «demitização») e tende a se subordinar a uma mensagem antropológica. A filosofia torna-se norma de interpretação ao invés de ser instrumento de compreensão daquilo que é o objeto central de toda interpretação: a pessoa de Jesus Cristo e os acontecimentos da salvação realizados em nossa história. Uma autêntica interpretação da Escritura é primeiramente acolhida de um sentido dado nos acontecimentos e, de maneira suprema, na pessoa de Jesus Cristo.

Este sentido é expresso nos textos. Para evitar o subjetivismo uma boa atualização deve então ser fundada sobre o estudo do texto e os pressupostos de leitura devem ser constantemente submetidos à verificação através do texto.

A hermenêutica bíblica, se ela é da competência da hermenêutica geral de todo texto literário e histórico, é ao mesmo tempo um caso único dentro dela. Suas características específicas vêm-lhe de seu objeto. Os acontecimentos da salvação e sua realização na pessoa de Jesus Cristo dão sentido a toda a história humana. As novas interpretações históricas só poderão ser descoberta e desdobramento dessas riquezas de sentido. O relato bíblico desses acontecimentos não pode ser plenamente entendido só pela razão. Pressupostos particulares comandam sua interpretação, como a fé vivida na comunidade eclesial e à luz do Espírito. Com o crescimento da vida no Espírito cresce, no leitor, a compreensão das realidades das quais fala o texto bíblico.

B. Sentido da Escritura inspirada

A contribuição moderna das hermenêuticas filosóficas e os desenvolvimentos recentes do estudo científico das literaturas, permitem à exegese bíblica de aprofundar a compreensão de sua tarefa, cuja complexidade tornou-se mais evidente. A exegese antiga, que evidentemente não podia levar em consideração as exigências científicas modernas, atribuía a todo texto da Escritura sentidos de vários níveis. A distinção mais corrente se fazia entre sentido literal e sentido espiritual. A exegese medieval distinguiu no sentido espiritual três aspectos diferentes que se relacionam, respectivamente, à verdade revelada, à conduta a ser mantida e à realização final. Daí o célebre dístico de Agostinho da Dinamarca (século XIII): «Littera gesta docet, quid credas allegoria, moralis quid agas, quid speres anagogia».

Como reação a esta multiplicidade de sentidos, a exegese histórico-crítica adotou, mais ou menos abertamente, a tese da unicidade de sentidos, segundo a qual um texto não pode ter simultaneamente vários significados. Todo esforço da exegese histórico-crítica é de definir «o» sentido preciso de um ou outro texto bíblico nas circunstâncias de sua produção.

Mas esta tese choca-se agora com as conclusões das ciências da linguagem e das hermenêuticas filosóficas, que afirmam a polissemia dos textos escritos.

O problema não é simples e ele não se apresenta da mesma maneira para todos os gêneros de textos: relatos históricos, parábolas, oráculos, leis, provérbios, orações, hinos etc. Pode-se, entretanto, dar alguns princípios gerais, levando-se em conta a diversidade das opiniões.

1. *Sentido literal*

É não apenas legítimo mas indispensável procurar definir o sentido preciso dos textos tais como foram produzidos por seus autores, sentido chamado «literal». Já são Tomás de Aquino afirmava sua importância fundamental (*S. Th.*, I, q.l, a. 10, ad. 1).

O sentido literal não deve ser confundido com o sentido *«literalista»* ao qual aderem os fundamentalistas. Não é suficiente traduzir um texto palavra por palavra para obter seu sentido literal. É preciso compreendê-lo segundo as convenções literárias da época. Quando um texto é metafórico, seu sentido literal não é aquele que resulta imediatamente do palavra por palavra (por exemplo: «Tende os rins cingidos», Lc 12,35), mas aquele que corresponde ao uso metafórico dos termos («Tende uma atitude de disponibilidade»). Quando se trata de um relato, o sentido literal não comporta necessariamente a afirmação de que os fatos contados tenham efetivamente acontecido, pois um relato pode não pertencer ao gênero histórico, mas ser uma obra de imaginação.

O sentido literal da Escritura é aquele que foi expresso diretamente pelos autores humanos inspirados. Sendo o fruto da inspiração, este sentido é também desejado por Deus, autor principal. Ele é discernido graças a uma análise precisa do texto, situado em seu contexto literário e histórico. A tarefa principal da exegese é de bem conduzir esta análise, utilizando todas as possibilidades das pesquisas literárias e históricas, em vista de definir o sentido literal dos textos bíblicos com a maior exatidão possível (cf. *Divino afflante Spiritu: E. B.*, 550). Para esta finalidade, o estudo dos gêneros literários antigos é particularmente necessário (*ibid.* 560).

O sentido literal de um texto é *único*? Geralmente sim; mas não se trata aqui de um princípio absoluto, e isso por duas razões. De um lado, um autor humano pode querer se referir ao mesmo tempo a vários níveis de realidade. O caso é comum em poesia. A inspiração bíblica não desdenha esta possibilidade da psicologia e da linguagem humana; o IV Evangelho fornece numerosos exemplos disto. De outro lado, mesmo quando uma expressão humana parece ter um único significado, a inspiração divina pode guiar a expressão de maneira a produzir uma ambivalência. Este é o caso da palavra de Caifás em Jo 11,50. Ela exprime ao mesmo tempo um cálculo político imoral e uma revelação divina. Estes dois aspectos pertencem um e outro ao sentido literal, pois eles são, os dois, colocados em evidência pelo contexto. Se bem que ele seja extremo, este caso é significativo; ele deve advertir contra uma concepção muito estrita do sentido literal dos textos inspirados.

Convém particularmente estar atento ao *aspecto dinâmico* de muitos textos. O sentido dos Salmos reais, por exemplo, não deve estar limitado estritamente às circunstâncias históricas da produção deles. Falando do rei, o salmista evocava ao mesmo tempo uma instituição verdadeira e uma visão ideal da realeza, conforme ao plano de Deus, de maneira que seu texto ultrapassava a instituição real tal como ela tinha se manifestado na história. A exegese histórico-crítica teve muitas vezes a tendência de fixar o sentido dos textos, ligando-o exclusivamente a circunstâncias históricas precisas. Ela deve antes de tudo procurar determinar a direção do pensamento expresso pelo texto, direção que, ao invés de convidar o exegeta a fixar o sentido, sugere-lhe, ao contrário, de perceber seu desenvolvimento mais ou menos previsível.

Uma corrente da hermenêutica moderna sublinhou a diferença de estatuto que afeta a palavra humana logo que ela é colocada por escrito. Um texto escrito tem a capacidade de ser colocado em circunstâncias novas, que o iluminam de maneiras diferentes, acrescentando ao seu sentido novas determinações. Esta capacidade do texto escrito é especialmente efetiva no caso dos textos bíblicos, reconhecidos como Palavra de Deus. Efetivamente, o que levou a comunidade de fiéis a conservá-los foi a convicção que eles continuariam a ser portadores de luz e de vida para as gerações vindouras. O sentido literal é, desde o início, aberto a desenvolvimentos ulteriores, que se produzem graças a «releituras» em contextos novos.

Não se deve concluir que se possa atribuir a um texto bíblico qualquer sentido, interpretando-o de maneira subjetiva. É preciso, ao contrário, rejeitar como inautêntica toda interpretação que seja heterogênea ao sentido expresso pelos autores humanos e no texto escrito por eles. Admitir sentidos heterogêneos equivaleria a cortar a mensagem bíblica de sua raiz, que é a Palavra de Deus comunicada historicamente, e a abrir a porta a um subjetivismo incontrolável.

2. *Sentido espiritual*

Não é o caso, no entanto, de tomar «heterogêneo» em um sentido estrito, contrário a toda possibilidade de realização superior. O acontecimento pascal, morte e ressurreição de Jesus, deu origem a um contexto histórico radicalmente novo, que ilumina de maneira nova os textos antigos e os faz sofrer uma mutação de sentido. Particularmente certos textos que nas antigas circunstâncias deveriam ser considerados como hipérboles (por exemplo, o oráculo onde Deus, falando de um filho de Davi, prometia afirmar *«para sempre»* seu trono: *2Sm* 7,12-13; *1Cr* 17,11-14), doravante esses textos devem ser tomados ao pé da letra, porque o «Cristo, tendo ressuscitado dentre os mortos, já não morre» *(Rm 6,9)*. *Os* exegetas que têm uma noção limitada, «histórica», do sentido literal julgarão que aqui há heterogeneidade. Aqueles que são abertos ao aspecto dinâmico dos textos reconhecerão uma continuidade profunda ao mesmo tempo que uma passagem a um nível diferente: o Cristo reina para sempre, mas não sobre o trono terrestre de Davi (cf. também S*l* 2,7-8; 110,1.4).

Nos casos desse gênero, fala-se de «sentido espiritual». Em regra geral, pode-se definir o sentido espiritual, entendido segundo a fé cristã, como o sentido expresso pelos textos bíblicos, logo que são lidos sob influência do Espírito Santo no contexto do mistério pascal do Cristo e da vida nova que resulta dele. Esse contexto existe efetivamente. O Novo Testamento reconhece nele a realização das Escrituras. É, assim, normal reler as Escrituras à luz deste novo contexto, que é aquele da vida no Espírito.

Da definição dada pode-se fazer varias precisões úteis sobre as relações entre sentido espiritual e sentido literal:

Em sentido contrário a uma opinião corrente, não há necessariamente distinção entre esses dois sentidos. Quando um texto bíblico se refere diretamente ao mistério pascal do Cristo ou à vida nova que resulta dele, seu sentido literal é um sentido espiritual. Este é o caso habitual no Novo Testamento. Conclui-se que é a respeito do Antigo Testamento que a exegese cristã fala muitas vezes de sentido espiritual. Mas já no Antigo Testamento, os textos têm em vários casos como sentido literal um sentido religioso e espiritual. A fé cristã reconhece aqui uma relação antecipada com a vida nova trazida pelo Cristo.

Quando há distinção, o sentido espiritual não pode jamais ser privado de relações com o sentido literal. Este último permanece a base indispensável. De outra maneira não se poderia falar de «realização» da Escritura. Para que haja realização efetiva, é essencial uma relação de continuidade e de conformidade. Mas é preciso também que haja passagem a um nível superior de realidade.

O sentido espiritual não pode ser confundido com as interpretações subjetivas ditadas pela imaginação ou a especulação intelectual. Ele resulta da relação do texto com dados reais que não lhe são estranhos, como o acontecimento pascal e sua fecundidade inesgotável que constitui o grau supremo da intervenção divina na história de Israel em proveito da humanidade inteira.

A leitura espiritual, feita em comunidade ou individualmente, descobre um sentido espiritual autêntico somente se ela se mantém nessas perspectivas. Entram assim em relação três níveis de realidade: o texto bíblico, o mistério pascal e as circunstâncias presentes de vida no Espírito.

Convencida de que o mistério de Cristo dá a chave de interpretação a todas as Escrituras, a exegese antiga se esforçou por encontrar um sentido espiritual nos menores detalhes dos textos bíblicos — por exemplo, em cada prescrição das leis rituais — servindo-se de métodos rabínicos ou inspirando-se no alegorismo helenístico. A exegese moderna não pode dar um verdadeiro valor de interpretação a esse gênero de tentativa, qualquer que tenha sido no passado sua utilidade pastoral (cf. *Divino afflante Spiritu, E. B.*, 553).

Um dos aspectos possíveis do sentido espiritual é o aspecto tipológico, do qual se diz habitualmente que pertence não à Escritura em si, mas às realidades expressas por ela: Adão figura de Cristo (cf. *Rm* 5,14), o dilúvio figura do batismo (*1Pd* 3,20-21) etc. De fato, a relação de tipologia é ordinariamente baseada sobre a maneira pela qual a Escritura descreve a realidade antiga (cf. a voz de Abel: *Gn* 4,10; *Hb* 11,4; 12,24) e não simplesmente sobre esta realidade. Conseqüentemente, trata-se de um sentido da Escritura.

3. *Sentido pleno*

Relativamente recente, a denominação de «sentido pleno» suscita discussões. Define-se o sentido pleno como um sentido mais profundo do texto, desejado por Deus, mas não claramente expresso pelo autor humano. Descobre-se sua existência em um texto bíblico quando se estuda esse texto à luz de outros textos bíblicos que o utilizam ou em sua relação com o desenvolvimento interno da revelação.

Trata-se, então, ou do significado que um autor bíblico atribui a um texto bíblico que lhe é anterior, quando ele o retoma em um contexto que lhe confere um sentido literal novo, ou ainda do significado que a tradição doutrinal autêntica ou uma definição conciliar dão a um texto da Bíblia. Por exemplo, o contexto de *Mt* 1,23 dá um sentido pleno ao oráculo de *Is* 7,14 sobre a *almah* que conceberá, utilizando a tradução dos Setenta *(parthenos):* «A virgem conceberá». O ensinamento patrístico e conciliar sobre a Trindade expressa o sentido pleno do ensinamento do Novo Testamento sobre Deus Pai, Filho e Espírito. A definição do pecado original pelo Concílio de Trento fornece o sentido pleno do ensinamento de Paulo em *Rm* 5,12-21 a respeito das consequências do pecado de Adão para a humanidade. Mas, quando falta um controle desse gênero — por um texto bíblico explícito ou por uma tradição doutrinal autêntica — o recurso a um pretenso sentido pleno poderia conduzir a interpretações subjetivas desprovidas de toda validade.

Em definitivo, poder-se-ia considerar o «sentido pleno» como uma outra maneira de designar o sentido espiritual de um texto bíblico, no caso onde o sentido espiritual se distingue do sentido literal. Seu fundamento é o fato de que o Espírito Santo, autor principal da Bíblia, pode guiar o autor humano na escolha de suas expressões de tal forma que estas últimas expressem uma verdade da qual ele não percebe toda a profundidade. Esta é revelada mais completamente no decorrer do tempo, graças, de um lado, a realizações divinas ulteriores que manifestem melhor o alcance dos textos e graças também, de outro lado, à inserção dos textos no Cânon das Escrituras. Assim é constituído um novo contexto, que faz aparecer potencialidades de sentido que o contexto primitivo deixava na obscuridade.

III. DIMENSÕES CARACTERÍSTICAS DA INTERPRETAÇÃO CATÓLICA

A exegese católica não procura se diferenciar por um método científico particular. Ela reconhece que um dos aspectos dos textos bíblicos é o de ser a obra de autores humanos, que se serviram de suas próprias capacidades de expressão e meios que a época e o ambiente deles colocavam-lhes à disposição. Conseqüentemente, ela utiliza sem subentendidos todos os métodos e abordagens científicos que permitem melhor apreender o sentido dos textos no contexto lingüístico, literário, sócio-cultural, religioso e histórico deles, iluminando-os também pelo estudo de suas fontes e levando em conta a personalidade de cada autor (cf. *Divino afflante Spiritu*, E. B., 557). Ela contribui ativamente para o desenvolvimento dos métodos e progresso da pesquisa.

O que a caracteriza é que ela se situa conscientemente na tradição viva da Igreja, cuja primeira preocupação é a fidelidade à revelação atestada pela Bíblia. As hermenêuticas modernas colocaram em destaque, lembremo-nos, a impossibilidade de interpretar um texto sem partir de uma «pré-compreensão» de um gênero ou de um outro. A exegese católica aborda os escritos bíblicos com uma pré-compreensão que une estreitamente a cultura moderna científica e a tradição religiosa proveniente de Israel e da comunidade cristã primitiva. Sua interpretação encontra-se, assim, em continuidade com o dinamismo de interpretação que se manifesta no interior da própria Bíblia e que se prolonga em seguida na vida da Igreja. Ela corresponde à exigência de afinidade vital entre o intérprete e seu objeto, afinidade que constitui uma das condições de possibilidade do trabalho exegético.

Toda pré-compreensão comporta, entretanto, seus perigos. No caso da exegese católica o risco existe de atribuir a textos bíblicos um sentido que eles não exprimem, mas que é o fruto de um desenvolvimento ulterior da tradição. A exegese deve evitar este perigo.

A. A interpretação na Tradição bíblica

Os textos da Bíblia são a expressão de tradições religiosas que existiam antes deles. A maneira pela qual eles se ligam a essas tradições é diferente segundo o caso, a criatividade dos autores manifestando-se em graus diversos. No decorrer dos tempos, múltiplas tradições convergiram pouco a pouco para formar uma grande tradição comum. A Bíblia é uma manifestação privilegiada desse processo, que ela contribuiu para realizar e do qual ela continua a ser reguladora.

«A interpretação na Tradição bíblica» comporta uma grande variedade de aspectos. Pode-se entender por esta expressão a maneira com a qual a Bíblia interpreta as experiências humanas fundamentais ou os acontecimentos particulares da história de Israel, ou ainda a maneira com a qual os textos bíblicos utilizam fontes, escritas ou orais — algumas das quais podem provir de outras religiões ou culturas — reinterpretando-as. Mas sendo nosso assunto a interpretação *da Bíblia,* nós não queremos tratar aqui destas questões tão vastas, mas simplesmente propor algumas observações sobre a interpretação dos textos bíblicos no interior da própria Bíblia.

1. *Releituras*

O que contribui para dar à Bíblia sua unidade interna, única em seu gênero, é o fato de que os escritos bíblicos posteriores apóiam-se muitas vezes sobre os escritos anteriores. Fazem alusão a eles, propõem «releituras» que desenvolvem novos aspectos de sentido, algumas vezes muito diferentes do sentido primitivo, ou ainda referem-se a eles explicitamente, seja para aprofundar-lhes o significado, seja para afirmar-lhes a realização.

É assim que a herança de uma terra, prometida por Deus a Abraão para a sua descendência (*Gn* 15,7.18), torna-se a entrada no santuário de Deus (*Ex* 15,17), uma participação ao repouso de Deus (*Sl* 132,7-8) reservada aos verdadeiros fiéis (*Sl* 95,8-11; *Hb* 3,7-4,11) e, finalmente, a entrada no santuário celeste (*Hb* 6,12.18-20), «herança eterna» (*Hb* 9,15).

O oráculo do profeta Natã, que promete a Davi uma «casa», isto é, uma sucessão dinástica, «estável para sempre» (2Sm 7,12-16), é lembrado em numerosas ocasiões (2Sm 23,5; 1Rs 2,4; 3,6; 1Cr 17,11-14), especialmente nos tempos de aflição (Sl 89,20-38), não sem variações significativas, e ele é desenvolvido por outros oráculos (Sl 2,7-8; 110,1.4; Am 9,11; Is 7,13-14; Jr 23,5-6; etc.), alguns dos quais anunciam o retorno do próprio reino de Davi (Os 3,5; Jr 30,9; Ez 34,24; 37,24-25; cf. Mc 11,10). O reino prometido torna-se universal (Sl 2,8; Dn 2,35.44; 7,14; cf. Mt 28,18). Ele realiza plenamente a vocação do homem (Gn 1,28; Sl 8,6-9; Sb 9,2-3; 10,2).

O oráculo de Jeremias sobre os 70 anos de castigo merecidos por Jerusalém e Judá (Jr 25,11-12; 29,10) é lembrado em 2Cr 25,20-23, que constata sua realização. Mas, no entanto, ele é remeditado após muito tempo pelo autor de Daniel na convicção de que esta palavra de Deus guarda ainda um sentido escondido, que deve iluminar a situação presente (Dn 9,24-27).

A afirmação fundamental da justiça retributiva de Deus, que recompensa os bons e pune os maus (Sl 1,1-6; 112,1-10; Lv 26,3-33; etc.), choca-se com a experiência imediata, que muitas vezes não corresponde a ela. A Escritura deixa, então, o protesto e a contestação exprimirem-se com vigor (Sl 44; Jó 10,1-7; 13,3-28; 23-24) e aprofunda progressivamente o mistério (Sl 37; Jó 38-42; Is 53; Sb 3-5).

2. Relações entre o Antigo e Novo Testamento

As relações intertextuais assumem uma densidade extrema nos escritos do Novo Testamento, todo formado de alusões ao Antigo Testamento e de citações explícitas. Os autores do Novo Testamento reconhecem no Antigo um valor de revelação divina. Eles proclamam que esta revelação encontrou sua realização na vida, no ensinamento e sobretudo na morte e ressurreição de Jesus, fonte de perdão e de vida eterna. «Cristo morreu por nossos pecados, *segundo as Escrituras*. Foi sepultado, ressuscitou ao terceiro dia, *segundo as Escrituras*. Apareceu...» (*1Cor* 15,3-5): este é o núcleo central da pregação apostólica (*1Cor* 15,11).

Como sempre, entre as Escrituras e os acontecimentos que as realizam, as relações não são de simples correspondência material, mas de iluminação recíproca e de progresso dialético: constata-se ao mesmo tempo que as Escrituras revelam o sentido dos acontecimentos e que os acontecimentos revelam o sentido das Escrituras, isto é, que eles obrigam a renunciar a certos aspectos da interpretação recebida para adotar uma interpretação nova.

Desde o tempo de seu ministério público, Jesus tinha tomado uma posição pessoal original, diferente da interpretação recebida em sua época, que era aquela «dos escribas e dos fariseus» (*Mt* 5,20). Numerosos são os testemunhos disso: as antíteses do Sermão da montanha (*Mt* 5,21-48) a liberdade soberana de Jesus na observância do sábado (*Mc* 2,27-28 e paral.), sua maneira de tornar relativos os preceitos de pureza ritual (*Mc* 7,1-23 e paral.), ao contrário, sua exigência radical em outros domínios (*Mt* 10,2-12 e paral.; 10,17-27 e paral.) e sobretudo sua atitude de receptividade em relação «aos publicanos e pecadores» (*Mc* 2,15-17 e paral.). De sua parte não era capricho de contestador mas, ao contrário, fidelidade mais profunda à vontade de Deus expressa na Escritura (cf. *Mt* 5,17; 9,13; *Mc* 7,8-13 e paral.; 10,5-9 e paral.).

A morte e ressurreição de Jesus forçaram ao extremo a evolução começada, provocando em alguns pontos um rompimento completo, ao mesmo tempo que uma abertura inesperada. A morte do Messias, «rei dos Judeus» (*Mc* 15,26 e paral.), provocou uma transformação na interpretação terrestre dos Salmos reais e dos oráculos messiânicos. Sua ressurreição e sua glorificação celeste como Filho de Deus deram a esses mesmos textos uma plenitude de sentido inconcebível anteriormente. Expressões que pareciam hiperbólicas devem doravante ser tomadas ao pé da letra. Elas aparecem como que preparadas por Deus para expressar a glória do Cristo Jesus, pois Jesus é realmente «Senhor» (*Sl* 110,1) no sentido mais forte do termo (*At* 2,36; *Fl* 2,10-11; *Hb* 1,10-12); ele é o Filho de Deus (*Sl* 2,7; *Mc* 14,62; *Rm* 1,3-4), Deus com Deus (*Sl* 45,7; *Hb* 1,8; *Jo* 1,1; 20,28); «seu reino não terá fim» (*Lc* 1,32-33; cf. *1Cr* 17,11-14;

Sl 45,7; *Hb* 1,8) e ele é ao mesmo tempo «sacerdote eternamente» (*Sl* 110,4; *Hb* 5,6-10; 7,23-24).

Foi à luz dos acontecimentos da Páscoa que os autores do Novo Testamento releram o Antigo Testamento. O Espírito Santo enviado pelo Cristo glorificado (cf. *Jo* 15,26; 16,7) os fez descobrir nele o sentido espiritual. Foram assim conduzidos a afirmar mais do que nunca o valor profético do Antigo Testamento, mas também a tornar fortemente relativo seu valor de instituição salvífica. Esse segundo ponto de vista, que aparece já nos Evangelhos (cf. *Mt* 11,11-13 e paral.; 12,41-42 e paral.; *Jo* 4,12-14; 5,37; 6,32) aparece com vigor em certas cartas paulinas assim como na Carta aos Hebreus. Paulo e o autor da Carta aos Hebreus demonstram que a Torá, enquanto revelação, anuncia ela mesma seu próprio fim como sistema legislativo (cf. *Gl* 2,15-5,1; *Rm* 3,20-21; 6,14; *Hb* 7,11-19; 10,8-9). Conclui-se que os pagãos que aderem à fé no Cristo não têm que ser submetidos a todos os preceitos da legislação bíblica, doravante reduzida, em seu conjunto, ao estatuto de instituição legal de um povo particular. Mas eles têm que se alimentar do Antigo Testamento como Palavra de Deus, que lhes permite melhor descobrir todas as dimensões do mistério pascal do qual eles vivem (cf. *Lc* 24,25-27.44-45; *Rm* 1,1-2).

No interior da Bíblia cristã as relações entre Novo e Antigo Testamento não deixam de ser complexas. Quando se trata da utilização de textos particulares, os autores do Novo Testamento recorrem naturalmente aos conhecimentos e aos procedimentos de interpretação da época deles. Exigir que se conformem aos métodos científicos modernos seria um anacronismo. O exegeta deve antes de tudo adquirir o conhecimento dos procedimentos antigos para poder interpretar corretamente o uso que é feito deles. É verdade, por outro lado, que ele não deve dar um valor absoluto àquilo que é conhecimento humano limitado.

Convém, enfim, acrescentar que no interior do Novo Testamento, como já no interior do Antigo, observa-se a justaposição de perspectivas diferentes e algumas vezes em tensão umas com as outras, por exemplo, sobre a situação de Jesus (*Jo* 8,29; 16,32 e *Mc* 15,34) ou sobre o valor da Lei mosaica (*Mt* 5,17-19 e *Rm* 6,14) ou sobre a necessidade das obras para ser justificado (*Tg* 2,24 e *Rm* 3,28; *Ef* 2,8-9). Uma das características da Bíblia é precisamente a ausência do espírito de sistema e a presença, ao contrário, de tensões dinamizantes. A Bíblia acolheu várias maneiras de interpretar os mesmos acontecimentos ou de pensar os mesmos problemas. Assim ela convida a recusar o simplismo e a estreiteza de espírito.

3. *Algumas conclusões*

Disto que foi dito pode-se concluir que a Bíblia contém numerosas indicações e sugestões sobre a arte de interpretar. A Bíblia é efetivamente, desde o início, ela mesma uma interpretação. Seus textos foram reconhecidos pelas comunidades da

Antiga Aliança e do tempo apostólico como expressão válida da fé que elas tinham. É segundo a interpretação das comunidades e em relação àquela que foram reconhecidos como Santa Escritura (assim, por exemplo, o Cântico dos Cânticos foi reconhecido como Santa Escritura enquanto aplicado à relação entre Deus e Israel). No decorrer da formação da Bíblia, os escritos que a compõem foram, em muitos casos, retrabalhados e reinterpretados para responderem a situações novas, desconhecidas anteriormente.

A maneira de interpretar os textos que se manifesta na Santa Escritura sugere as seguintes observações:

Dado que a Santa Escritura nasceu sobre a base de um consenso de comunidades de fiéis que reconheceram em seu texto a expressão da fé revelada, sua própria interpretação deve ser, para a fé viva das comunidades eclesiais, fonte de consenso sobre os pontos essenciais.

Dado que a expressão da fé, tal como se encontrava reconhecida por todos na Santa Escritura, teve que se renovar continuamente para fazer face a situações novas — o que explicam as «releituras» de muitos textos bíblicos — a interpretação da Bíblia deve igualmente ter um aspecto de criatividade e afrontar as questões novas, para respondê-las partindo da Bíblia.

Dado que os textos da Santa Escritura têm algumas vezes relações de tensão entre eles, a interpretação deve necessariamente ser múltipla. Nenhuma interpretação particular pode esgotar o sentido do conjunto, que é uma sinfonia a várias vozes. A interpretação de um texto particular deve assim evitar de ser exclusivista.

A Santa Escritura está em diálogo com as comunidades dos fiéis: ela saiu de suas tradições de fé. Seus textos se desenvolveram em relação com essas tradições e contribuíram, reciprocamente, para o desenvolvimento delas. Conclui-se que a interpretação da Escritura faz-se no seio da Igreja, em sua pluralidade, em sua unidade e em sua tradição de fé.

As tradições de fé formavam o ambiente vital no qual se inseriu a atividade literária dos autores da Santa Escritura. Esta inserção compreendia também a participação à vida litúrgica e à atividade externa das comunidades; ao mundo espiritual, à cultura e às peripécias do destino histórico delas. Assim, de maneira semelhante, a interpretação da Santa Escritura exige a participação dos exegetas em toda a vida e em toda a fé da comunidade crente do tempo deles.

O diálogo com a Santa Escritura em seu conjunto, e, assim, com a compreensão da fé própria a épocas anteriores, é acompanhado necessariamente de um diálogo com a geração presente. Isso provoca o estabelecimento de uma relação de continuidade, mas também a constatação de diferenças. Conclui-se que a interpretação da Escritura comporta um trabalho de verificação e de triagem; ele permanece em continuidade com as tradições exegéticas anteriores, das quais conserva e toma para si muitos elementos, mas em outros pontos ela se separa delas para poder progredir.

B. A interpretação na Tradição da Igreja

A Igreja, povo de Deus, tem consciência de ser ajudada pelo Espírito Santo em sua compreensão e sua interpretação das Escrituras. Os primeiros discípulos de Jesus sabiam que não estavam à altura de compreender imediatamente em todos os seus aspectos a totalidade do que tinham recebido. Faziam a experiência, na vida de comunidade conduzida com perseverança, de um aprofundamento e de uma explicitação progressiva da revelação recebida. Eles reconheciam nisso a influência e a ação do «Espírito da verdade», que o Cristo lhes havia prometido para guiá-los em direção à plenitude da verdade (*Jo* 16,12-13). É assim igualmente que a Igreja prossegue seu caminho, sustentada pela promessa do Cristo: «O Paráclito, o Espírito Santo que o Pai enviará em meu nome vos ensinará tudo e vos recordará tudo o que eu vos disse» (*Jo* 14,26).

1. *Formação do Cânon*

Guiada pelo Espírito Santo à luz da Tradição viva que ela recebeu, a Igreja discerniu os escritos que devem ser olhados como Santa Escritura no sentido de que, «tendo sido escritos sob a inspiração do Espírito Santo, eles têm Deus por autor, foram transmitidos como tais à Igreja» (*Dei Verbum*, 11) e contêm «a verdade que Deus, para nossa salvação, quis ver consignada nas Letras sagradas» (*ibid.*).

O discernimento de um «cânon» das Santas Escrituras foi a conclusão de um longo processo. As comunidades da Antiga Aliança (de grupos particulares, como os círculos proféticos ou o ambiente sacerdotal, até o conjunto do povo) reconheceram em um certo número de textos a Palavra de Deus que lhes suscitava a fé e os guiava na vida; elas receberam esses textos como um patrimônio a ser guardado e transmitido. Assim, esses textos cessaram de ser simplesmente a expressão da inspiração de autores particulares; eles se tornaram propriedade comum do povo de Deus. O Novo Testamento atesta sua veneração por esses textos sagrados, que ele recebe como uma preciosa herança transmitida pelo povo judeu. Ele os olha como as «Escrituras Santas» (*Rm* 1,2), «inspiradas» pelo Espírito de Deus (*2Tm* 3,16; cf *2Pd* 1,20-21), que «não podem ser abolidas» (*Jo* 10,35).

A esses textos que formam o «Antigo Testamento» (cf. *2Cor* 3,14), a Igreja uniu estreitamente os escritos onde ela reconheceu, de um lado o testemunho autêntico proveniente dos apóstolos (cf. *Lc* 1,2; *1Jo* 1,1-3) e garantido pelo Espírito Santo (cf. *1Pd* 1,12), sobre «todas as coisas que Jesus fez e ensinou» (*At* 1,1), e de outro lado instruções dadas pelos apóstolos mesmos e outros discípulos para constituir a comunidade de fiéis. Esta dupla série de escritos recebeu depois o nome de «Novo Testamento».

Nesse processo, numerosos fatores tiveram um papel: a certeza de que Jesus — e os apóstolos com ele — tinha reconhecido o Antigo Testamento como Escritura inspirada e que esta recebia sua realização em seu mistério pascal; a convicção de que os escritos do Novo Testamento provêm autenticamente da pregação apostólica (o que não implica que eles tenham sido todos compostos pelos próprios apóstolos); a constatação da sua conformidade com a regra da fé e da sua utilização na liturgia cristã; enfim, a experiência da conformidade deles com a vida eclesial das comunidades e da capacidade de alimentar esta vida.

Discernindo o Cânon das Escrituras, a Igreja discernia e definia sua própria identidade, de maneira que as Escrituras são doravante um espelho no qual a Igreja pode constantemente redescobrir sua identidade e verificar, século após século, a maneira com a qual ela responde sem cessar ao Evangelho e se dispõe ela mesma a ser o meio de transmissão dele (cf. *Dei Verbum,* 7). Isso confere aos escritos canônicos um valor salvífico e teológico completamente diferente daquele de outros textos antigos. Se esses últimos podem dar muita luz sobre as origens da fé, eles não podem jamais substituir a autoridade dos escritos considerados como canônicos e, assim, fundamentais para a inteligência da fé cristã.

2. *Exegese patrística*

Desde os primórdios compreendeu-se que o mesmo Espírito Santo, que levou os autores do Novo Testamento a colocar por escrito a mensagem da salvação (*Dei Verbum*, 7, 18), traz igualmente à Igreja uma assistência contínua para a interpretação de seus escritos inspirados (cf. Irineu, *Adv. Haer.* 3.24.1; cf. 3.1.1; 4.33.8; Orígenes, *De Princ.*, 2.7.2; Tertuliano, *De Praescr.*, 22).

Os Padres da Igreja, que tiveram um papel particular no processo de formação do Cânon, tiveram igualmente um papel fundador em relação à tradição viva que sem cessar acompanha e guia a leitura e a interpretação que a Igreja faz das Escrituras (cf. *Providentissimus Deus, E. B.*, 110-111; *Divino afflante Spiritu*, 28-30, *E. B.*, 554; *Dei Verbum*, 23; PCB, *Instr. de Evang. histor.*, 1). No decorrer da grande Tradição, a contribuição particular da exegese patrística consiste nisto: ela tirou do conjunto da Escritura as orientações de base que deram forma à tradição doutrinal da Igreja e ela forneceu um rico ensinamento teológico para a instrução e o alimento espiritual dos fiéis.

Nos Padres da Igreja, a leitura da Escritura e sua interpretação ocupam um lugar considerável. Testemunhas disso são, primeiramente, as obras diretamente ligadas à inteligência das Escrituras, isto é, as homilias e os comentários, mas também as obras de controvérsia e de teologia, onde o apelo à Escritura serve de argumento principal.

O lugar habitual da leitura bíblica é a igreja, no decorrer da liturgia. É por isso que a interpretação proposta é sempre de natureza teológica, pastoral e teologal, a serviço das comunidades e dos fiéis individuais.

Os Padres consideram a Bíblia antes de tudo como Livro de Deus, obra única de um único autor. Mesmo assim eles não reduzem os autores humanos a meros instrumentos passivos e eles sabem atribuir a um ou outro livro tomado individualmente uma finalidade singular. Mas o tipo de abordagem deles dá apenas uma pequena atenção ao desenvolvimento histórico da revelação. Numerosos Padres da Igreja apresentam o *Logos,* Verbo de Deus, como autor do Antigo Testamento e afirmam assim que toda a Escritura tem um alcance cristológico.

Com exceção de certos exegetas da Escola Antioquena (Teodoro de Mopsuesta particularmente), os Padres sentem-se autorizados a tomar uma frase fora de seu contexto para reconhecer nela uma verdade revelada por Deus. Na apologética diante dos judeus ou na controvérsia dogmática com outros teólogos eles não hesitam em se apoiar sobre interpretações desse gênero.

Preocupados antes de tudo em viver da Bíblia em comunhão com seus irmãos, os Padres contentam-se muitas vezes em utilizar o texto bíblico mais comum no meio deles. Interessando-se metodicamente pela Bíblia hebraica, Orígenes é animado sobretudo pelo cuidado de argumentar face aos judeus a partir de textos aceitáveis por esses últimos. Exaltando a *hebraica veritas*, são Jerônimo figura como exceção.

Os Padres praticam de maneira mais ou menos freqüente o método alegórico afim de dissipar o escândalo que poderia ser provocado em certos cristãos e nos adversários pagãos do cristianismo diante de uma ou outra passagem da Bíblia. Mas a literalidade e a historicidade dos textos são muito raramente esvaziadas. O recurso dos Padres à alegoria ultrapassa geralmente o fenômeno de uma adaptação ao método alegórico dos autores pagãos.

O recurso à alegoria deriva também da convicção de que a Bíblia, livro de Deus, foi dado por ele a seu povo, a Igreja. Em princípio nada deve ser deixado de lado como antiquado ou definitivamente caduco. Deus dirige uma mensagem sempre de atualidade a seu povo cristão. Em suas explicações da Bíblia, os Padres misturam e entrelaçam as interpretações tipológicas e alegóricas de maneira mais ou menos inextricável, sempre com finalidade pastoral e pedagógica. Tudo o que está escrito o foi para nossa instrução (cf. *1Cor* 10,11).

Persuadidos de que se trata do livro de Deus, portanto inesgotável, os Padres crêem poder interpretar uma passagem segundo um determinado esquema alegórico, mas eles consideram que cada um permanece livre para propor outra coisa, contanto que respeite a analogia da fé.

A interpretação alegórica das Escrituras, que caracteriza a exegese patrística, corre o risco de desorientar o homem moderno, mas a experiência de Igreja que esta exegese exprime oferece uma contribuição sempre útil (cf. *Divino afflante Spiritu*, 31-32; *Dei Verbum*, 23). Os Padres ensinam a ler teologicamente a Bíblia no seio de uma Tradição viva com um autêntico espírito cristão.

3. *Papel dos diversos membros
   da Igreja na interpretação*

Enquanto dadas à Igreja, as Escrituras são um tesouro comum do corpo completo formado pelos fiéis: «A Santa Tradição e a Santa Escritura constituem um único depósito sagrado da Palavra de Deus, confiado à Igreja. Ligando-se a ele, todo o povo santo unido a seus pastores permanece assiduamente fiel ao ensinamento dos apóstolos...» *(Dei Verbum,* 10; cf também 21). É bem verdade que a familiaridade com o texto das Escrituras foi, entre os fiéis, mais notável em certas épocas da história do que em outras. Mas as Escrituras ocuparam uma posição de primeiro plano em todos os momentos importantes de renovação na vida da Igreja, desde o movimento monástico dos primeiros séculos até a época recente do Concílio Vaticano II.

Este mesmo Concílio ensina que todos os batizados, quando tomam parte, na fé pelo Cristo, da celebração da Eucaristia, reconhecem a presença do Cristo também em sua palavra, «pois é ele mesmo que fala quando as Santas Escrituras são lidas na igreja» (*Sacrosanctum Concilium*, 7). A esta escuta da palavra eles contribuem com o «sentido da fé *(sensus fidei)* que caracteriza o Povo (de Deus) inteiro. (...) Graças a esse sentido da fé que é despertado e sustentado pelo Espírito de verdade, o Povo de Deus, sob a direção do magistério sagrado, que ele segue fielmente, recebe, não uma palavra humana, mas verdadeiramente a Palavra de Deus (cf. *1Ts* 2,13). Ele se une indefectivelmente à fé transmitida aos santos uma vez por todas (cf. *Jd* 3), ele a aprofunda corretamente e a aplica à sua vida da maneira mais completa» (*Lumen gentium*, 12).

Assim, todos os membros da Igreja têm um papel na interpretação das Escrituras. No exercício de seus ministérios pastorais, *os bispos*, enquanto sucessores dos apóstolos, são as primeiras testemunhas e garantias da tradição viva na qual as Escrituras são interpretadas em cada época. «Iluminados pelo Espírito da verdade, devem guardar fielmente a Palavra de Deus, explicá-la e propagá-la pela pregação» (*Dei Verbum*, 9; cf. *Lumen gentium*, 25). Enquanto colaboradores dos bispos, *os padres* têm como primeiro dever a proclamação da Palavra (*Presbyterorum ordinis*, 4). Eles são dotados de um carisma particular para a interpretação da Escritura quando, transmitindo não suas idéias pessoais mas a Palavra de Deus, eles aplicam a verdade eterna do Evangelho às circunstâncias concretas da vida *(ibid.).* Cabe aos *padres e aos diáconos,* sobretudo quando eles administram os sacramentos, colocar em evidência a unidade que Palavra e Sacramento formam no ministério da Igreja.

Enquanto presidentes da comunidade eucarística e educadores da fé, os ministros da Palavra têm como tarefa principal não apenas dar um ensinamento mas ajudar os fiéis a entender e discernir o que a Palavra de Deus lhes diz ao coração quando eles escutam e meditam as Escrituras. É assim que o conjunto da *Igreja local,* segundo o modelo de Israel, povo de Deus *(Ex* 19,5-6), torna-se uma comunidade que sabe que Deus lhe fala (cf. *Jo* 6,45) e que se empenha em escutá-lo com fé, amor e docilidade para com sua Palavra *(Dt* 6,4-6). Tais comunidades, que escutam verdadeiramente e à condição de permanecerem sempre unidas na fé e no amor com a Igreja inteira, tornam-se vigorosos focos de evangelização e de diálogo, assim como agentes de transformação social *(Evangelii nuntiandi,* 57-58; CDF, *Instrução sobre a liberdade cristã e a libertação,* 69-70).

O Espírito é dado também, claro, *aos cristãos individualmente,* de maneira que seus corações possam tornar-se «ardentes dentro deles» (cf. *Lc* 24,32) quando rezam e fazem um estudo em oração das Escrituras no contexto da vida pessoal deles. É por isso que o Concílio Vaticano II pediu com insistência que o acesso às Escrituras seja facilitado de todas as maneiras possíveis *(Dei*

Verbum, 22, 25). Esse gênero de leitura, note-se, não é nunca completamente privado pois, aquele que crê, também lê e interpreta a Escritura sempre na fé da Igreja e traz em seguida à comunidade o fruto de sua leitura, para enriquecer a fé comum.

Toda a tradição bíblica e, de uma maneira mais notável, o ensinamento de Jesus nos Evangelhos indicam como ouvintes privilegiados da Palavra de Deus aqueles que o mundo considera como *gente de condição humilde*. Jesus reconheceu que coisas escondidas aos sábios e doutores foram reveladas aos simples (*Mt* 11,25; *Lc* 10,21) e que o Reino de Deus pertence àqueles que se parecem com as crianças (*Mc* 10,14 e paral.).

Na mesma linha, Jesus proclamou: «Bem aventurados vós, os pobres, porque vosso é o Reino de Deus» (*Lc* 6,20; cf. *Mt* 5,3). Entre os sinais dos tempos messiânicos encontra-se a proclamação da boa nova aos pobres (*Lc* 4,18; 7,22; *Mt* 11,5; cf. CDF, *Instrução sobre a liberdade cristã e a libertação*, 47-48). Aqueles que, na incapacidade e na privação de seus recursos humanos, encontram-se forçados a colocar a única esperança deles em Deus e sua justiça, têm uma capacidade de escutar e interpretar a Palavra de Deus que deve ser levada em conta pela Igreja inteira e pede também uma resposta a nível social.

Reconhecendo a diversidade de dons e de funções que o Espírito coloca a serviço da comunidade, particularmente o dom de ensinar (*1Cor* 12,28-

30; *Rm* 12,6-7; *Ef* 4,11-16), a Igreja concede sua estima àqueles que manifestam uma capacidade particular de contribuir para a construção do Corpo do Cristo pela competência que têm na interpretação da Escritura *(Divino afflante Spiritu,* 46-48, *E. B.,* 564-565; *Dei Verbum,* 23; PCB, *Instrução sobre a historicidade dos Evangelhos,* Introd.). Se bem que seus trabalhos não tenham sempre obtido o encorajamento que se lhes dá agora, os *exegetas* que colocam seu saber a serviço da Igreja encontram-se situados em uma rica tradição que se estende desde os primeiros séculos, com Orígenes e Jerônimo, até os tempos mais recentes, com o padre Lagrange e outros, e prolonga-se até nossos dias. Particularmente a pesquisa do sentido literal da Escritura, sobre o qual doravante insiste-se tanto, requer os esforços conjugados daqueles que têm competências em matéria de línguas antigas, de história e de cultura, de crítica textual e de análise de formas literárias, e que sabem utilizar os métodos da crítica científica. Além desta atenção ao texto em seu contexto histórico original, a Igreja confia em exegetas animados pelo mesmo Espírito que inspirou a Escritura para assegurar que «um maior número possível de servidores da Palavra de Deus esteja à altura de oferecer efetivamente ao povo de Deus o alimento das Escrituras» *(Divino afflante Spiritu,* 24; 53-55; *E. B.,* 551, 567; *Dei Verbum,* 23; Paulo VI, *Sedula cura* [1971]). Um motivo de satisfação é dado à nossa época pelo número crescente de *mu-*

lheres exegetas, que trazem mais de uma vez à interpretação da Escritura novas visões mais penetrantes e colocam em evidência aspectos que tinham caído no esquecimento.

Se as Escrituras, como se lembrou acima, são o bem da Igreja inteira e fazem parte da «herança da fé» que todos, pastores e fiéis, «conservam, professam e colocam em prática em um esforço comum», é bem verdade no entanto que a «tarefa de interpretar de maneira autêntica a Palavra de Deus, transmitida pela Escritura ou pela Tradição, foi confiada unicamente ao Magistério vivo da Igreja, cuja autoridade exerce-se em nome de Jesus Cristo» (*Dei Verbum,* 10). Assim, em última análise, é o Magistério que tem a tarefa de garantir a autenticidade de interpretação e de indicar, quando ocorre, que uma ou outra interpretação particular é incompatível com o autêntico Evangelho. Ele desempenha encargo no interior da *koinonia* do Corpo, exprimindo oficialmente a fé da Igreja para servir a Igreja; para este efeito ele consulta teólogos, exegetas e outros expertos, dos quais reconhece a legítima liberdade e com os quais permanece ligado por uma relação recíproca com o fim comum de «conservar o povo de Deus na verdade que torna livre» (CDF, *Instrução sobre a vocação eclesial do teólogo,* 21).

C. A tarefa do exegeta

A tarefa dos exegetas católicos comporta vários aspectos. É uma tarefa de Igreja, pois ela consiste em estudar e explicar a Santa Escritura de maneira a colocar todas as riquezas à disposição dos pastores e dos fiéis. Mas é ao mesmo tempo uma tarefa científica que coloca o exegeta católico em relação com seus colegas não-católicos e com vários setores da pesquisa científica. De outro lado, esta tarefa compreende ao mesmo tempo o trabalho de pesquisa e aquele de ensinamento. Tanto um como outro concluem normalmente em publicações.

1. *Orientações principais*

Aplicando-se às suas tarefas, os exegetas católicos devem levar em séria consideração o *caráter histórico* da revelação bíblica. Pois os dois Testamentos exprimem em palavras humanas, que levam a marca do tempo delas, a revelação histórica que Deus fez, por diversos meios, dele mesmo e de seu plano de salvação. Conseqüentemente, os exegetas devem se servir do método histórico-crítico. Eles não podem, no entanto, atribuir-lhe a exclusividade. Todos os métodos pertinentes de interpretação dos textos são habilitados a dar sua contribuição à exegese da Bíblia.

No trabalho de interpretação que fazem, os exegetas católicos não devem nunca esquecer que o que eles interpretam é a *Palavra de Deus*. A tarefa comum que têm não está terminada após terem distinguido as fontes, definido as formas ou explicado os procedimentos literários. A finalidade do trabalho deles só é atingida quando tiverem esclarecido o sentido do texto bíblico como palavra atual de Deus. A esse efeito devem levar em consideração as diversas perspectivas hermenêuticas que ajudam a perceber a atualidade da mensagem bíblica e lhes permitem responder às necessidades dos leitores modernos das Escrituras.

Os exegetas têm também que explicar o alcance cristológico, canônico e eclesial dos escritos bíblicos.

O alcance *cristológico* dos textos bíblicos não é sempre evidente; deve ser colocado em evidência cada vez que for possível. Se bem que o Cristo tenha estabelecido a Nova Aliança em seu sangue, os livros da Primeira Aliança não perderam seu valor. Assumidos na proclamação do Evangelho, adquirem e manifestam seu pleno significado no «mistério do Cristo» (*Ef* 3,4), do qual eles iluminam os múltiplos aspectos ao mesmo tempo que são iluminados por ele. Esses livros, efetivamente, preparavam o povo de Deus à sua vinda (cf. *Dei Verbum*, 14-16).

Se bem que cada livro da Bíblia tenha sido escrito com uma finalidade distinta e que tenha o seu significado específico, ele se manifesta portador de um sentido ulterior quando se torna uma parte do conjunto *canônico*. A tarefa dos exegetas inclui, então, a explicação da afirmação agostiniana: «Novum Testamentum in Vetere latet, et in Novo Vestus patet» (cf. S. Agostinho, *Quaest. in Hept.*, 2, 73: *CSEL* 28, III, 3, p. 141).

Os exegetas devem explicar também a relação que existe entre a Bíblia e a *Igreja*. A Bíblia veio à luz em comunidades de fiéis. Ela exprime a fé de Israel e aquela das comunidades cristãs primitivas. Unida à Tradição viva que a precedeu, a acompanha e da qual se alimenta (cf. *Dei Verbum*, 21), ela é o meio privilegiado do qual Deus se serve para guiar, ainda hoje, a construção e o crescimento da Igreja enquanto Povo de Deus. Inseparável da dimensão eclesial está a abertura ecumênica.

Pelo fato de que a Bíblia exprime uma oferta de salvação apresentada por Deus a todos os homens, a tarefa dos exegetas comporta uma dimensão universal, que requer uma atenção às outras religiões e aos anseios do mundo atual.

2. *Pesquisa*

A tarefa exegética é vasta demais para poder ser bem conduzida por um único indivíduo. Impõe-se uma divisão de trabalho, especialmente para a *pesquisa*, que requer especialistas em diferentes domínios. Os inconvenientes possíveis da especialização serão evitados graças a esforços interdisciplinares.

É muito importante para o bem da Igreja inteira e para sua irradiação no mundo moderno que um número suficiente de pessoas bem formadas sejam consagradas à pesquisa em diferentes setores da ciência exegética. Preocupados com as necessidades mais imediatas do ministério, os bispos e os superiores religiosos são muitas vezes tentados a não levar suficientemente a sério a responsabilidade que lhes incumbe de prover a esta necessidade fundamental. Mas uma carência neste ponto expõe a Igreja a graves inconvenientes, pois pastores e fiéis arriscam a estarem à mercê de uma ciência exegética estranha à Igreja e privada de relações com a vida da fé. Declarando que «*o estudo* da Santa Escritura» deve ser «como a alma da teologia» (*Dei Verbum*, 24), o Concílio Vaticano II mostrou toda a importância da pesquisa exegética. Ao mesmo tempo também lembrou implicitamente aos exegetas católicos que suas pesquisas têm uma relação essencial com a teologia, da qual eles devem se mostrar conscientes.

3. *Ensinamento*

A declaração do Concílio faz igualmente compreender o papel fundamental que é dado ao *ensinamento* da exegese nas Faculdades de Teologia, Seminários e Escolasticados. É evidente que o nível dos estudos não será uniforme nestes diferentes casos. É desejável que o ensinamento da exegese seja dado por homens e por mulheres. Mais técnico nas Faculdades, esse ensinamento terá uma orientação mais diretamente pastoral nos Seminários. Mas ele não poderá nunca esquecer uma dimensão intelectual séria. Proceder de outra maneira seria faltar de respeito com a Palavra de Deus.

Os professores de exegese devem comunicar aos estudantes uma profunda estima pela Santa Escritura, mostrando o quanto ela merece um estudo atento e objetivo que permita apreciar melhor seu valor literário, histórico, social e teológico. Eles não podem se contentar em transmitir uma série de conhecimentos a serem registrados passivamente, mas devem dar uma iniciação aos métodos exegéticos, explicando suas principais operações para tornar os estudantes capazes de julgamento pessoal. Visto o tempo limitado de que se dispõe, convém utilizar alternativamente duas maneiras de ensinar: de um lado, por meio de exposições sintéticas, que introduzem ao estudo de livros bíblicos inteiros e não deixam de lado nenhum setor importante do Antigo Testamento nem do Novo; de outro lado, por meio de análises aprofundadas de alguns textos bem escolhidos, que sejam ao mesmo tempo uma iniciação à prática da exegese. Tanto em um como em outro caso é preciso cuidar para não ser unilateral, isto é, não se limitar nem a um comentário espiritual desprovido de base histórico-crítica, nem a um comentário histórico-crítico desprovido de conteúdo doutrinal e espiritual (cf. *Divino afflante Spiritu, E. B.*, 551-552; PC, *De Sacra Scriptura recte docenda, E. B.*, 598). O ensinamento deve mostrar ao mesmo tempo as raízes históricas dos escritos bíblicos, o aspecto deles enquanto palavra pessoal do Pai celeste que se dirige com amor a seus filhos (cf. *Dei Verbum,* 21) e o papel indispensável que têm no ministério pastoral (cf. *2Tm* 3,16).

4. Publicações

Como fruto da pesquisa e complemento do ensinamento, as *publicações* têm uma função de grande importância para o progresso e a difusão da exegese. Em nossos dias, a publicação não se realiza mais somente pelos textos impressos, mas também por outros meios, mais rápidos e mais potentes (rádio, televisão, técnicas eletrônicas), dos quais convém aprender a se servir.

As publicações de alto nível científico são o instrumento principal de diálogo, de discussão e de cooperação entre os pesquisadores. Graças a elas a exegese católica pode se manter em relação recíproca com outros ambientes da pesquisa exegética e também com o mundo dos estudiosos em geral.

A curto prazo, são as outras publicações que prestam grandes serviços pois se adaptam a diversas categorias de leitores, desde o público cultivado até as crianças da catequese, passando pelos grupos bíblicos, os movimentos apostólicos e as congregações religiosas. Os exegetas dotados para a divulgação fazem uma obra extremamente útil e fecunda, indispensável para assegurar aos estudos exegéticos a irradiação que devem ter. Neste setor, a necessidade de atualização da mensagem bíblica faz-se sentir de maneira mais premente. Isso significa que os exegetas levem em consideração as legítimas exigências das pessoas instruídas e cultas de nosso tempo e distingam claramente, para o bem delas, o que deve ser olhado como detalhe secundário condicionado pela época, o que é preciso interpretar com linguagem mítica e o que é preciso apreciar como sentido próprio, histórico e inspirado. Os escritos bíblicos não foram compostos em linguagem moderna, nem em estilo do século XX. As formas de expressão e os gêneros literários que eles utilizam no texto hebreu, aramaico ou grego devem ser tornados inteligíveis aos homens e mulheres de hoje que, de outra maneira, seriam tentados ou a perder o interesse pela Bíblia, ou a interpretá-la de maneira simplista: literalista ou fantasiosa.

Em toda a diversidade de suas tarefas, o exegeta católico não tem outra finalidade senão o serviço da Palavra de Deus. Sua ambição não é substituir aos textos bíblicos os resultados de seu trabalho, que se trate de reconstituição de documentos antigos utilizados pelos autores inspirados ou de uma apresentação moderna das últimas conclusões da ciência exegética. Sua ambição é, ao contrário, colocar em maior evidência os próprios textos bíblicos, ajudando a apreciá-los melhor e a compreendê-los com sempre mais exatidão histórica e profundidade espiritual.

D. **As relações com as outras disciplinas teológicas**

Sendo ela mesma uma disciplina teológica, «fides quaerens intellectum», a exegese mantém relações estreitas e complexas com as outras disciplinas da teologia. De um lado, efetivamente, a teologia sistemática tem uma influência sobre a pré-compreensão com a qual os exegetas abordam os textos bíblicos. Mas, de outro lado, a exegese fornece às outras disciplinas teológicas dados que lhes são fundamentais. São estabelecidas, então, relações de diálogo entre a exegese e as outras disciplinas teológicas, no respeito mútuo à especificidade de cada uma delas.

1. *Teologia e pré-compreensão dos textos bíblicos*

Quando fazem a abordagem dos escritos bíblicos, os exegetas têm necessariamente uma pré-compreensão. No caso da exegese católica, trata-se de uma pré-compreensão baseada nas certezas de fé: a Bíblia é um texto inspirado por Deus e confiado à Igreja para suscitar a fé e guiar a vida cristã. As certezas de fé não chegam aos exegetas em estado bruto, mas depois de terem sido elaboradas na comunidade eclesial pela reflexão teológica. Os exegetas são, assim, orientados em suas pesquisas pela reflexão dos dogmáticos sobre a inspiração da Escritura e a função desta na vida eclesial.

Mas, reciprocamente, o trabalho dos exegetas sobre os textos inspirados traz-lhes uma experiência da qual os dogmáticos devem levar em conta para melhor elucidar a teologia da inspiração escriturária e da interpretação eclesial da Bíblia. A exegese suscita particularmente uma consciência mais viva e mais precisa do caráter histórico da inspiração bíblica. Ela mostra que o processo da inspiração é histórico não apenas porque ele teve seu lugar no decorrer da história de Israel e da Igreja primitiva, mas também porque ele se realizou através da mediação de pessoas humanas marcadas cada uma pela sua época e que, sob a orientação do Espírito, tiveram um papel ativo na vida do povo de Deus.

Aliás, a afirmação teológica da relação estreita entre Escritura inspirada e Tradição da Igreja viu-se confirmada e precisada graças ao desenvolvimento dos estudos exegéticos, que levou os exegetas a dar uma atenção maior à influência que teve sobre os textos o ambiente vital onde eles se formaram («Sitz im Leben»).

2. *Exegese e teologia dogmática*

Sem ser seu único *locus theologicus,* a Santa Escritura constitui a base privilegiada dos estudos teológicos. Para interpretar a Escritura com exatidão científica e precisão, os teólogos necessitam do trabalho dos exegetas. De outro lado, os exegetas devem orientar suas pesquisas de tal maneira que o «estudo da Santa Escritura» possa efetivamente ser «como a alma da Teologia» (*Dei Verbum,* 24). A este efeito, é preciso dar uma atenção particular ao conteúdo religioso dos escritos bíblicos.

Os exegetas podem ajudar os dogmáticos a evitar dois extremos: de um lado o dualismo, que separa completamente uma verdade doutrinal de sua expressão lingüística, considerada como sem importância; de outro lado o fundamentalismo que, confundindo o humano e o divino, considera como verdade revelada mesmo os aspectos contingentes das expressões humanas.

Para evitar esses dois extremos é preciso distinguir sem separar, e assim aceitar uma tensão persistente. A Palavra de Deus exprimiu-se na obra de autores humanos. Pensamento e palavras são ao mesmo tempo de Deus e do homem, de maneira que tudo na Bíblia vem ao mesmo tempo de Deus e do autor inspirado. Não se conclui, no entanto, que Deus tenha dado um valor absoluto ao condicionamento histórico de sua mensagem. Esta é suscetível de ser interpretada e atualizada, isto é, de ser separada, pelo menos parcialmente, de seu condicionamento histórico passado para ser transplantada no condicionamento histórico presente. O exegeta estabelece as bases desta operação que o dogmático continua, levando em consideração os outros *loci theologici* que contribuem para o desenvolvimento do dogma.

3. *Exegese e teologia moral*

Observações análogas podem ser feitas sobre as relações entre exegese e teologia moral. Aos relatos concernentes à história da salvação, a Bíblia une estreitamente múltiplas instruções sobre a conduta a ser mantida: mandamentos, interdições, prescrições jurídicas, exortações, invectivas proféticas, conselhos de sábios. Uma das tarefas da exegese consiste em precisar o alcance deste abundante material e em preparar, assim, o trabalho dos moralistas.

Esta tarefa não é simples, pois muitas vezes os textos bíblicos não se preocupam em distinguir preceitos morais universais, prescrições de pureza ritual e ordens jurídicas particulares. Tudo é colocado junto. De outro lado, a Bíblia reflete uma evolução moral considerável, que encontra sua perfeição no Novo Testamento. Não é suficiente que uma certa posição em matéria de moral seja atestada no Antigo Testamento (por exemplo, a prática da escravidão ou do divórcio, ou aquela das exterminações em caso de guerra), para que esta posição continue a ser válida. Um discernimento deve ser feito, levando em conta o necessário progresso da consciência moral. Os escritos do Antigo Testamento contêm elementos «imperfeitos e caducos» (*Dei Verbum, 15*), que a pedagogia divina não podia eliminar de uma só vez. O Novo Testamento mesmo não é fácil de interpretar no domínio da moral, pois muitas vezes ele se exprime através de imagem, ou de maneira paradoxal, ou mesmo provocadora, e a relação dos cristãos com a Lei judaica é objeto aqui de ásperas controvérsias.

Os moralistas são, assim, levados a apresentar aos exegetas muitas questões importantes que estimularão suas pesquisas. Em mais de um caso, a resposta poderá ser que nenhum texto bíblico trata explicitamente do problema considerado. Mas mesmo assim o testemunho da Bíblia, compreendido em seu vigoroso dinamismo de conjunto, não pode deixar de ajudar a definir uma orientação fecunda. Sobre os pontos mais importantes, a moral do Decálogo permanece fundamental. O Antigo Testamento contém já os princípios e os valores que comandam um agir plenamente conforme à dignidade da pessoa humana, criada «à imagem de Deus (*Gn* 1,27). O Novo Testamento coloca esses princípios e esses valores em grande evidência, graças à revelação do amor de Deus no Cristo.

4. *Pontos de vista diferentes e interação necessária*

Em seu documento de 1988 sobre a interpretação dos dogmas, a Comissão Teológica Internacional lembrou que, nos tempos modernos, um conflito surgiu entre a exegese e a teologia dogmática; ela observa em seguida as contribuições da exegese moderna à teologia sistemática (*A interpretação dos dogmas*, 1988, C.I, 2). Para maior precisão, é útil acrescentar que o conflito foi provocado pela exegese liberal. Entre a exegese católica e a teologia dogmática não houve conflito generalizado, mas apenas momentos de forte tensão. É bem verdade, no entanto, que a tensão pode degenerar em conflito se de um lado e de outro persistem legítimas diferenças de pontos de vista até transformá-las em oposições irredutíveis.

Os pontos de vista, efetivamente, são diferentes e devem sê-lo. A primeira tarefa da exegese é discernir com precisão o sentido dos textos bíblicos no próprio contexto deles, isto é, primeiramente no contexto literário e histórico particular desses mesmos textos e em seguida no contexto do Cânon das Escrituras. Realizando esta tarefa, o exegeta coloca em evidência o sentido teológico dos textos, desde que eles tenham um alcance dessa natureza. Uma relação de continuidade é, assim, feita possível entre a exegese e a reflexão teológica ulterior. Mas o ponto de vista não é o mesmo, pois a tarefa da exegese é fundamentalmente histórica e descritiva e limita-se à interpretação da Bíblia.

O dogmático realiza uma obra mais especulativa e mais sistemática. Por esta razão ele só se interessa verdadeiramente por certos textos e por certos aspectos da Bíblia e, aliás, ele leva em consideração muitos outros dados que não são bíblicos — escritos patrísticos, definições conciliares, outros documentos do Magistério, liturgia — assim como sistemas filosóficos e a situação cultural, social e política contemporânea. Sua tarefa não é simplesmente interpretar a Bíblia, mas visar uma compreensão plenamente refletida da fé cristã em todas as suas dimensões e especialmente em sua relação decisiva com a existência humana.

Por causa de sua orientação especulativa e sistemática, a teologia muitas vezes cedeu à tentação de considerar a Bíblia como um reservatório de *dicta probantia* destinado a confirmar teses doutrinárias. Em nossos dias, os dogmáticos adquiriram uma viva consciência da importância do contexto literário e histórico para a correta interpretação dos textos antigos e eles recorrem muito mais à colaboração dos exegetas.

Enquanto Palavra de Deus colocada por escrito, a Bíblia tem uma riqueza de significado que não pode ser completamente captado nem aprisionado em nenhuma teologia sistemática. Uma das funções principais da Bíblia é aquela de lançar sérios desafios aos sistemas teológicos e de lembrar continuamente a existência de importantes aspectos da revelação divina e da realidade humana que algumas vezes foram esquecidos ou negligenciados nos esforços de reflexão sistemática. A renovação da metodologia exegética pode contribuir para esta tomada de consciência.

Reciprocamente, a exegese deve se deixar iluminar pela pesquisa teológica. Esta a estimulará a apresentar aos textos questões importantes e descobrir melhor todo o alcance e a fecundidade deles. O estudo científico da Bíblia não pode se isolar da pesquisa teológica, nem da experiência espiritual e do discernimento da Igreja. A exegese produz seus melhores frutos quando ela se realiza no contexto da fé viva da comunidade cristã, que é orientada em direção à salvação do mundo inteiro.

IV. INTERPRETAÇÃO DA BÍBLIA NA VIDA DA IGREJA

Tarefa particular dos exegetas, a interpretação da Bíblia mesmo assim não lhes pertence como um monopólio, pois na Igreja essa interpretação apresenta aspectos que vão além da análise científica dos textos. A Igreja, efetivamente, não considera a Bíblia simplesmente como um conjunto de documentos históricos concernentes às suas origens; acolhe-a como Palavra de Deus que se dirige a ela e ao mundo inteiro no tempo presente. Esta convicção de fé tem como consequência a prática da atualização e da inculturação da mensagem bíblica, assim como os diversos modos de utilização dos textos inspirados, na liturgia, a «lectio divina», o ministério pastoral e o movimento ecumênico.

A. Atualização

Já no interior da própria Bíblia — havíamos notado no capítulo precedente — pode-se constatar a prática da atualização: textos mais antigos foram relidos à luz de circunstâncias novas e aplicados à situação presente do Povo de Deus. Baseada sobre as mesmas convicções, a atualização continua necessariamente a ser praticada nas comunidades dos fiéis.

1. *Princípios*

Os princípios que fundamentam a prática da atualização são os seguintes:

A atualização é possível, pois a plenitude do sentido do texto bíblico dá-lhe valor para todas as épocas e todas as culturas (cf. *Is* 40,8; 66,18-21; *Mt* 28,19-20). A mensagem bíblica pode ao mesmo tempo tornar relativos e fecundar os sistemas de valores e as normas de comportamento de cada geração.

A atualização é necessária, pois, se bem que a mensagem dos textos da Bíblia tenha um valor durável, estes foram redigidos em função de circunstâncias passadas e numa linguagem condicionada por diversas épocas. Para manifestar o alcance que eles têm para os homens e as mulheres de hoje, é necessário aplicar a mensagem desses textos às circunstâncias presentes e exprimi-la numa linguagem adaptada à época atual. Isso pressupõe um esforço hermenêutico que visa discernir através do condicionamento histórico os pontos essenciais da mensagem.

A atualização deve constantemente levar em consideração as relações complexas que existem na Bíblia cristã entre o Novo Testamento e o Antigo, pelo fato de que o Novo se apresenta ao mesmo tempo como realização e ultrapassagem do Antigo. A atualização efetua-se em conformidade com a unidade dinâmica assim constituída.

A atualização realiza-se graças ao dinamismo da tradição viva da comunidade de fé. Esta situa-se explicitamente no prolongamento das comunidades onde a Escritura nasceu e foi conservada e transmitida. Na atualização, a tradição tem um papel duplo: ela procura, de um lado, uma proteção contra as interpretações aberrantes; e assegura, de outro, a transmissão do dinamismo original.

Atualização não significa assim a manipulação dos textos. Não se trata de projetar sobre os escritos bíblicos opiniões ou ideologias novas, mas de procurar sinceramente a luz que eles contêm para o tempo presente. O texto da Bíblia tem autoridade em todos os tempos sobre a Igreja cristã e, se bem que se passaram séculos desde os tempos de sua composição, ele conserva seu papel de guia privilegiado que não se pode manipular. O Magistério da Igreja «não está acima da Palavra de Deus, mas ele a serve, ensinando somente aquilo que foi transmitido; por mandato de Deus, com a assistência do Espírito Santo, ele a escuta com amor, conserva-a santamente e explica-a com fidelidade» (*Dei Verbum*, 10).

2. *Métodos*

Partindo destes princípios, pode-se utilizar diversos métodos de atualização.

A atualização, já praticada no interior da Bíblia, prosseguiu em seguida na Tradição judaica através de procedimentos que podem ser observados nos Targumim e Midrashim: procura de passagens paralelas *(gézérah shawah)*, modificação na leitura do texto *('al tiqrey)*, adoção de um segundo sentido *(tartey mishma')* etc.

Enquanto isso, os Padres da Igreja serviram-se da tipologia e da alegoria para atualizar os textos bíblicos de maneira adaptada à situação dos cristãos do tempo deles.

Em nossa época, a atualização deve levar em conta a evolução das mentalidades e o progresso dos métodos de interpretação.

A atualização pressupõe uma exegese correta do texto, que determina o *sentido literal* dele. Se a pessoa que atualiza não tem ela mesma uma formação exegética, deve recorrer a bons guias de leitura que permitam bem orientar a interpretação.

Para bem conduzir a atualização, a interpretação da Escritura pela Escritura é o método mais seguro e o mais fecundo, especialmente no caso dos textos do Antigo Testamento que foram relidos no próprio Antigo Testamento (por exemplo, o maná de *Ex* 16 em *Sb* 16,20-29) e/ou no Novo Testamento *(Jo* 6). A atualização de um texto bíblico na existência cristã não pode ser feito corretamente sem se colocar em relação com o mistério do Cristo e da Igreja. Não seria normal, por exemplo, propor a cristãos, como modelos para uma luta de libertação, unicamente episódios do Antigo Testamento *(Êxodo; 1-2 Macabeus)*.

Inspirada nas filosofias hermenêuticas, a operação hermenêutica vem em seguida e comporta três etapas: 1) escutar a Palavra a partir da situação presente; 2) discernir os aspectos da situação presente que o texto bíblico ilumina ou coloca em questão; 3) tirar da plenitude de sentido do texto bíblico os elementos suscetíveis de fazer evoluir a situação presente de maneira fecunda, conforme à vontade salvífica de Deus no Cristo.

Graças à atualização, a Bíblia vem iluminar inúmeros problemas atuais, por exemplo: a questão dos ministérios, a dimensão comunitária da Igreja, a opção preferencial pelos pobres, a teologia da libertação, a condição da mulher. A atualização pode também estar atenta a valores cada vez mais reconhecidos pela consciência moderna como os direitos da pessoa, a proteção da vida humana, a preservação da natureza, a aspiração à paz universal.

3. Limites

Para permanecer de acordo com a verdade salvífica expressa na Bíblia, a atualização deve respeitar certos limites e evitar possíveis desvios.

Se bem que toda leitura da Bíblia seja forçosamente seletiva, as *leituras tendenciosas* devem ser descartadas, isto é, aquelas que ao invés de serem dóceis ao texto só os utilizam para fins limitados (como é o caso na atualização feita pelas seitas, a dos Testemunhas de Jeová, por exemplo).

A atualização perde toda validade se ela se baseia em *princípios teóricos* que estão *em desacordo* com as orientações fundamentais do texto da Bíblia, por exemplo, o racionalismo oposto à fé ou o materialismo ateu.

É preciso eliminar também, evidentemente, toda atualização orientada no sentido contrário à *justiça e à caridade evangélicas,* as mesmas que, por exemplo, queriam basear a segregação racial, o antisemitismo ou o sexismo, masculino ou feminino, sobre textos bíblicos. Uma atenção especial é necessária, segundo o espírito do Concílio Vaticano II (*Nostra aetate,* 4), para evitar absolutamente de atualizar certos textos do Novo Testamento em um sentido que poderia provocar ou reforçar atitudes desfavoráveis em relação aos judeus. Os acontecimentos trágicos do passado devem forçar, ao contrário, a lembrar sem cessar que segundo o Novo Testamento os judeus permanecem «amados» por Deus, «porque os dons e a vocação de Deus são sem arrependimento» (*Rm* 11,28-29).

Os desvios serão evitados se a atualização parte de uma correta interpretação do texto e é feita no decorrer da Tradição viva, sob a guia do Magistério eclesial.

De toda maneira, os riscos de desvios não podem constituir uma objeção válida contra a realização de uma tarefa necessária, isto é, a de fazer chegar a mensagem da Bíblia até os ouvidos e o coração de nossa geração.

B. Inculturação

Ao esforço de atualização, que permite à Bíblia de permanecer fecunda através da diversidade dos tempos, corresponde, no que concerne à diversidade dos lugares, ao esforço de inculturação que assegura o enraizamento da mensagem bíblica em terrenos os mais diversos. Esta diversidade, aliás, nunca é total. Toda cultura autêntica é portadora, à sua maneira, de valores universais fundados por Deus.

O fundamento teológico da inculturação é a convicção de fé que a Palavra de Deus transcende as culturas nas quais ela foi expressa e tem a capacidade de se propagar em outras culturas, de maneira a atingir todas as pessoas humanas no contexto cultural onde elas vivem. Esta convicção decorre da própria Bíblia que, desde o livro do Gênesis, toma uma orientação universal (*Gn* 1,27-28), a mantém em seguida na bênção prometida a todos os povos graças a Abraão e à sua descedência (*Gn* 12,3; 18,18) e a confirma definitivamente estendendo a «todas as nações» a evangelização cristã (*Mt* 28,18-20; *Rm* 4,16-17; *Ef* 3,6).

A primeira etapa da inculturação consiste em *traduzir* em outra língua a Escritura inspirada. Este primeiro passo foi dado desde os tempos do Antigo Testamento quando se traduziu oralmente o texto hebreu da Bíblia em aramaico (*Ne* 8,8.12) e, mais tarde, por escrito em grego. Uma tradução, efetivamente, é sempre mais que uma simples transcrição do texto original. A passagem de uma língua a outra comporta necessariamente uma mudança de contexto cultural: os conceitos não são idênticos e o alcance dos símbolos é diferente, pois eles colocam em relação com outras tradições de pensamento e outras maneiras de viver.

Escrito em grego, o Novo Testamento é inteiramente marcado por um dinamismo de inculturação, pois ele transpõe na cultura judeu-helenística a mensagem palestina de Jesus, manifestando desta maneira uma clara vontade de ultrapassar os limites de um ambiente cultural único.

Etapa fundamental a tradução dos textos bíblicos não pode, no entanto, ser suficiente para assegurar uma verdadeira inculturação. Esta deve continuar graças a uma *interpretação* que coloque a mensagem bíblica em relação mais explícita com as maneiras de sentir, de pensar, de viver e de se exprimir próprias da cultura local. Da interpretação passa-se em seguida a outras etapas da inculturação que terminam na formação de uma cultura local, cristã, estendendo-se a todas as dimensões da existência (oração, trabalho, vida social, costumes, legislação, ciências e artes, reflexão filosófica e teológica). A Palavra de Deus é, efetivamente, uma semente que tira da terra, onde ela se encontra, os elementos úteis ao seu crescimento e à sua fecundidade (cf. *Ad Gentes*, 22). Conseqüentemente, os cristãos devem procurar discernir «quais riquezas Deus, em sua generosidade, dispensou às nações; eles devem ao mesmo tempo fazer um esforço para iluminar essas riquezas com a luz evangélica, de libertá-las, de trazê-las sob a autoridade do Deus Salvador» (*Ad Gentes,* 11).

Não se trata, pode-se ver, de um processo com sentido único, mas de uma «mútua fecundação». De um lado as riquezas contidas nas diversas culturas permitem à Palavra de Deus de produzir novos frutos e de outro lado a luz da Palavra de Deus permite fazer uma triagem naquilo que trazem as culturas, para rejeitar os elementos nocivos e favorecer o desenvolvimento dos elementos válidos. A total fidelidade à pessoa do Cristo, ao dinamismo de seu mistério pascal e a seu amor pela Igreja faz evitar duas soluções falsas: aquela da «adaptação» superficial da mensagem e aquela da confusão sincretista (cf. *Ad Gentes,* 22).

No Oriente e no Ocidente cristãos a inculturação da Bíblia efetuou-se desde os primeiros séculos e manifestou uma grande fecundidade. Não se pode, no entanto, nunca considerá-la como terminada. Ela deve ser retomada constantemente, em relação com a contínua evolução das culturas. Nos países de evangelização mais recente, o problema coloca-se em termos diferentes. Os missionários, com efeito, levam necessariamente a Palavra de Deus sob a forma na qual ela se inculturou no país de origem deles. Grandes esforços devem ser realizados pelas novas Igrejas locais para passar desta forma estrangeira de inculturação da Bíblia a uma outra forma, que corresponda à cultura do próprio país.

C. Uso da Bíblia

1. *Na liturgia*

Desde os primórdios da Igreja, a leitura das Escrituras fez parte integrante da liturgia cristã, por um lado herdeira da liturgia sinagogal. Hoje ainda, é principalmente pela liturgia que os cristãos entram em contato com as Escrituras, particularmente durante a celebração eucarística do domingo.

Em princípio, a liturgia, e especialmente a liturgia sacramental, onde a celebração eucarística constitui o grau máximo, realiza a atualização mais perfeita dos textos bíblicos, pois ela situa a proclamação no meio da comunidade dos fiéis reunida em torno de Cristo a fim de se aproximar de Deus. Cristo é então «presente em sua palavra, pois é ele mesmo quem fala quando as Santas Escrituras são lidas na igreja» (*Sacrosanctum Concilium*, 7). O texto escrito volta assim a ser palavra viva.

A reforma litúrgica decidida pelo Concílio Vaticano II esforçou-se em apresentar aos católicos um alimento bíblico mais rico. Os três ciclos de leituras das missas dominicais dão um lugar privilegiado aos Evangelhos, de maneira a colocar bem em evidência o mistério de Cristo como princípio de nossa salvação. Colocando regularmente um texto do Antigo Testamento em relação com o texto do Evangelho, este ciclo muitas vezes sugere o caminho da tipologia para a interpretação escriturária. Esta, sabe-se, não é a única leitura possível.

A homilia, que atualiza mais explicitamente a Palavra de Deus, faz parte integrante da liturgia. Falaremos mais adiante a propósito do ministério pastoral.

O lecionário, saído das diretivas do Concílio (*Sacrosanctum* Concilium, 35), deveria permitir uma leitura da Santa Escritura «mais abundante, mais variada e mais adaptada». Em seu estado atual ele responde somente em parte a esta orientação. No entanto, sua existência teve bons resultados ecumênicos. Em alguns países ele mediu a falta de familiaridade dos católicos com a Escritura.

A liturgia da Palavra é um elemento decisivo na celebração de cada um dos sacramentos da Igreja; ela não consiste em uma simples sucessão de leituras, pois deve comportar igualmente tempos de silêncio e de oração. Esta liturgia, em particular a Liturgia das Horas, recorre ao livro dos Salmos para colocar em oração a comunidade cristã. Hinos e orações são todos impregnados da linguagem bíblica e de seu simbolismo. Isto para dizer o quanto é necessário que a participação à liturgia seja preparada e acompanhada por uma prática da leitura da Escritura.

Se nas leituras «Deus dirige a palavra a seu povo» (*Missal romano,* n. 33), a liturgia da Palavra exige um grande cuidado tanto para a proclamação das leituras como para a interpretação delas. Assim, é desejável que a formação dos futuros presidentes de assembléias e daqueles que os circundam leve em conta as exigências de uma liturgia da Palavra de Deus fortemente renovada. Assim, graças aos esforços de todos, a Igreja continuará a missão que lhe foi confiada «de tomar o pão da vida sobre a mesa da Palavra de Deus bem como sobre a mesa do Corpo do Cristo para oferecê-lo aos fiéis» (*Dei Verbum,* 21).

2. A *lectio divina*

A *lectio divina* é uma leitura, individual ou comunitária, de uma passagem mais ou menos longa da Escritura acolhida como Palavra de Deus e que se desenvolve sob a moção do Espírito em meditação, oração e contemplação.

O cuidado de se fazer uma leitura regular, e mesmo cotidiana, da Escritura corresponde a uma prática antiga na Igreja. Como prática coletiva, ela é atestada no século III, na época de Orígenes; este fazia a homilia a partir de um texto da Escritura lido continuadamente durante a semana. Havia então assembléias cotidianas consagradas à leitura e à explicação da Escritura. Esta prática, que foi abandonada posteriormente, não encontrava sempre um grande sucesso junto aos cristãos (Orígenes, *Hom. Gen.* X,1).

A *lectio divina* como prática sobretudo individual é atestada no ambiente monástico em seu auge. No período contemporâneo, uma Instrução da Comissão Bíblica aprovada pelo papa Pio XII recomendou-a a todos os clérigos, tanto seculares como regulares (*De Scriptura Sacra*, 1950; *E. B.*, 592). A insistência sobre a *lectio divina* sob seu duplo aspecto, individual e comunitário, voltou assim a ser atual. A finalidade que se procura é a de suscitar e de alimentar «um amor efetivo e constante» à Santa Escritura, fonte de vida interior e de fecundidade apostólica (*E. B.*, 591 e 567), de favorecer também uma melhor inteligência da liturgia e de assegurar à Bíblia um lugar mais importante nos estudos teológicos e na oração.

A Constituição conciliar *Dei Verbum* (n. 25) insiste igualmente sobre a leitura assídua das Escrituras para os padres e religiosos. Além disso — e é uma novidade — ela convida também «todos os fiéis do Cristo» a adquirir «por uma freqüente leitura das Escrituras divinas 'a eminente ciência de Jesus Cristo' (*Fl* 3,8)». Diversos meios são propostos. Ao lado de uma leitura individual é sugerida uma leitura em grupo. O texto conciliar sublinha que a oração deve acompanhar a leitura da Escritura, pois ela é a resposta à Palavra de Deus encontrada na Escritura sob a inspiração do Espírito. Numerosas iniciativas foram tomadas no povo cristão para uma leitura comunitária e só se pode encorajar esse desejo de um melhor conhecimento de Deus e de seu plano de salvação em Jesus Cristo através das Escrituras.

3. No ministério pastoral

Recomendado pela *Dei Verbum* (n. 24), o freqüente recurso à Bíblia no ministério pastoral toma diversas formas dependendo do gênero de hermenêutica da qual se servem os pastores e que os fiéis podem compreender. Pode-se distinguir três situações principais: a catequese, a pregação e o apostolado bíblico. Numerosos fatores intervêm, no que se refere ao nível geral de vida cristã.

A explicação da Palavra de Deus na *catequese* — *Sacros. Conc.*, 35; *Direct. catéch. gén.*, 1971, 16 — tem como primeira fonte a Santa Escritura que, explicada no contexto da Tradição, fornece o ponto de partida, o fundamento e a norma de ensinamento catequético. Uma das finalidades da catequese deveria ser a de introduzir a uma justa compreensão da Bíblia e à sua leitura frutuosa que permitam descobrir a verdade divina que ela contém e que suscitem uma resposta, a mais generosa possível, à mensagem que Deus dirige por sua palavra à humanidade.

A catequese deve partir do contexto histórico da revelação divina para apresentar personagens e acontecimentos do Antigo e do Novo Testamento à luz do plano de Deus.

Para passar do texto bíblico ao significado de salvação para o tempo presente, utilizam-se hermenêuticas variadas que inspiram diversos gêneros de comentários. A fecundidade da catequese depende do valor da hermenêutica empregada. O perigo consiste em se contentar com um comentário superficial que permaneça em uma consideração cronológica sobre a sucessão dos acontecimentos e dos personagens da Bíblia.

A catequese pode evidentemente explorar apenas uma pequena parte dos textos bíblicos. Geralmente ela utiliza sobretudo os relatos, tanto no Novo como no Antigo Testamento. Insiste sobre o Decálogo. Ela deve cuidar em empregar igualmente os oráculos dos profetas, o ensinamento sapiencial e os grandes discursos evangélicos como o Sermão da montanha.

A apresentação dos Evangelhos deve ser feita de maneira a provocar um encontro com o Cristo, que dá a chave de toda a revelação bíblica e transmite o apelo de Deus, ao qual cada um deve responder. A palavra dos profetas e aquela dos «ministros da Palavra» (Lc 1,2) devem aparecer como dirigidas agora aos cristãos.

Observações análogas aplicam-se ao ministério da *pregação,* que deve tirar dos textos antigos um alimento espiritual adaptado às necessidades atuais da comunidade cristã.

Atualmente esse ministério exerce-se sobretudo no fim da primeira parte da celebração eucarística, pela homilia que segue à proclamação da Palavra de Deus.

A explicação que se dá dos textos bíblicos no decorrer da homilia não pode entrar em muitos detalhes. Convém, então, colocar em evidência as contribuições principais desses textos, aqueles que são os mais esclarecedores para a fé e os mais estimulantes para o progresso da vida cristã, comunitária ou pessoal. Apresentando essas contribuições, é preciso fazer uma atualização e uma inculturação, segundo o que foi dito acima. São necessários para isso princípios hermenêuticos válidos. A falta de preparação neste domínio provoca uma tentativa de renúncia a um aprofundamento das leituras bíblicas contentando-se em moralizar ou em falar de questões atuais sem iluminá-las pela Palavra de Deus.

Em diversos países, publicações foram feitas com o auxílio de exegetas para ajudar os responsáveis pastorais a interpretar corretamente as leituras bíblicas da liturgia e a atualizá-las de maneira válida. É desejável que esforços semelhantes sejam generalizados.

Uma insistência unilateral sobre as obrigações que se impõem aos fiéis deve seguramente ser evitada. A mensagem bíblica deve conservar seu caráter principal de boa nova da salvação oferecida por Deus. A pregação fará trabalho mais útil e mais conforme à Bíblia se ele ajudar primeiramente os fiéis a «conhecer o dom de Deus» (Jo 4,10), tal como ele é revelado na Escritura, e a compreender de maneira positiva as exigências que decorrem disso.

O *apostolado bíblico* tem como objetivo fazer conhecer a Bíblia como Palavra de Deus e fonte de vida. Em primeiro lugar ele favorece a tradução da Bíblia nas línguas mais diversas e a difusão dessas traduções. Ele suscita e sustenta numerosas iniciativas: formação de grupos bíblicos, conferências sobre a Bíblia, semanas bíblicas, publicação de revistas e de livros etc.

Uma importante contribuição é trazida por associações e movimentos eclesiais, que colocam em primeiro plano a leitura da Bíblia numa perspectiva de fé e de engajamento cristão. Numerosas «comunidades de base» centralizam suas reuniões sobre a Bíblia e se propõem um triplo objetivo: conhecer a Bíblia, construir a comunidade e servir o povo. Aqui também a ajuda de exegetas é útil para evitar atualizações mal fundadas. Mas deve-se alegrar em ver a Bíblia tomada por mãos de gente humilde, dos pobres, que podem trazer à sua interpretação e à sua atualização uma luz mais penetrante do ponto de vista espiritual e existencial do que aquela que vem de uma ciência segura dela mesma (cf. Mt 11,25).

A importância sempre crescente dos meios de comunicação de massa («mass-mídia»), imprensa, rádio, televisão, exige que o anúncio da Palavra de Deus e o conhecimento da Bíblia sejam propagados ativamente por estes meios. Seus aspectos bem particulares e, de outro lado, a influência sobre públicos muito vastos, requerem para a utilização desses meios uma preparação específica que permita evitar as improvisações lamentáveis assim como os efeitos espetaculares de má qualidade.

Que se trate de catequese, de pregação ou de apostolado bíblico, o texto da Bíblia deve sempre ser apresentado com o respeito que ele merece.

4. No ecumenismo

Se o ecumenismo, enquanto movimento específico e organizado, é relativamente recente, a idéia de unidade do povo de Deus, que esse movimento se propõe restaurar, é profundamente enraizado na Escritura. Tal objetivo era a preocupação constante do Senhor (*Jo* 10,16; 17,11.20-23). Ele supõe a união dos cristãos na fé, na esperança e na caridade (*Ef* 4,2-5), no respeito mútuo (*Fl* 2,1-5) e a solidariedade (*1Cor* 12,14-27; *Rm* 12,4-5) mas também e sobretudo a união orgânica ao Cristo, à maneira dos sarmentos e da vinha (*Jo* 15,4-5), dos membros e da cabeça (*Ef* 1,22-23; 4,12-16). Esta união deve ser perfeita, à imagem daquela do Pai e do Filho (*Jo* 17,11.22); a Escritura define seu fundamento teológico (*Ef* 4,4-6; *Gl* 3,27-28). A primeira comunidade apostólica é um modelo concreto e vivo dessa união (*At* 2,44; 4,32).

A maior parte dos problemas que enfrenta o diálogo ecumênico tem relação com a interpretação de textos bíblicos. Alguns desses problemas são de ordem teológica: a escatologia, a estrutura da Igreja, o primado e a colegialidade, o casamento e o divórcio, a atribuição do sacerdócio ministerial às mulheres etc. Outros são de ordem canônica e jurisdicional; eles concernem à administração da Igreja universal e das Igrejas locais. Outros, enfim, são de ordem estritamente bíblica: a lista dos livros canônicos, algumas questões hermenêuticas etc.

Se bem que ela não possa ter a pretensão de resolver sozinha todos esses problemas, a exegese bíblica é chamada a trazer ao ecumenismo uma importante contribuição. Progressos notáveis já foram realizados. Graças à adoção dos mesmos métodos e de metas hermenêuticas análogas, os exegetas de diversas confissões cristãs chegaram a uma grande convergência na interpretação das Escrituras, como o mostram o texto e as notas de diversas traduções ecumênicas da Bíblia, assim como em outras publicações.

Deve-se reconhecer, aliás, que em pontos particulares as divergências na interpretação das Escrituras são muitas vezes estimulantes e podem se revelar complementares e enriquecedoras. É o caso quando elas exprimem os valores das tradições particulares de diversas comunidades cristãs e traduzem assim os múltiplos aspectos do Mistério de Cristo.

Como a Bíblia é a base comum da regra de fé, o imperativo ecumênico comporta para todos os cristãos um apelo premente a reler os textos inspirados na docilidade ao Espírito Santo, na caridade, na sinceridade, na humildade, a meditar esses textos e a vivê-los de maneira a chegar à conversão do coração e à santidade de vida, as quais, unidas à oração para a unidade dos cristãos, são a alma de todo o movimento ecumênico (cf. *Unitatis redintegratio*, 8). Seria preciso para isso tornar acessível ao maior número possível de cristãos a aquisição da Bíblia, encorajar as traduções ecumênicas — pois um texto comum ajuda a leitura e a compreensão comuns — promover grupos de oração ecumênicos a fim de contribuir com um testemunho autêntico e vivo à realização da unidade na diversidade (cf. *Rm* 12,4-5).

CONCLUSÃO

Do que foi dito no decorrer desta longa exposição — que no entanto continua breve demais sobre vários pontos — a primeira conclusão que se salienta é que a exegese bíblica preenche, na Igreja e no mundo, uma *tarefa indispensável*. Querer se dispensar dela para compreender a Bíblia seria ilusão e manifestaria uma falta de respeito para com a Escritura inspirada.

Pretendendo reduzir os exegetas ao papel de tradutores (ou ignorando que traduzir a Bíblia já é fazer obra de exegese) e recusando segui-los em seus estudos, os fundamentalistas não se dão conta de que, por um louvável cuidado de inteira fidelidade à Palavra de Deus, na realidade eles entram em caminhos que os afastam do sentido exato dos textos bíblicos assim como da plena aceitação das consequências da Encarnação. A Palavra eterna encarnou-se em uma época precisa da história, em um ambiente social e cultural bem determinado. Quem deseja entendê-la deve humildemente procurá-la lá onde ela se tornou perceptível, aceitando a ajuda necessária do saber humano. Para falar aos homens e às mulheres, desde a época do Antigo Testamento, Deus explorou todas as possibilidades da linguagem humana, mas ao mesmo tempo ele teve também que submeter sua palavra a todos os condicionamentos dessa linguagem. O verdadeiro respeito pela Escritura inspirada exige que sejam realizados todos os esforços necessários para que se possa compreender bem seu sentido. Seguramente não é possível que cada cristão faça pessoalmente as pesquisas de todos os gêneros que permitam compreender melhor os textos bíblicos. Esta tarefa é confiada aos exegetas, responsáveis nesse setor pelo bem de todos.

Uma segunda conclusão é que a natureza mesma dos textos bíblicos exige que para interpretá-los, se continue o emprego do *método histórico-crítico,* ao menos em suas operações principais. A Bíblia, efetivamente, não se apresenta como uma revelação direta de verdades atemporais, mas como a atestação escrita de uma série de intervenções pelas quais Deus se revela na história humana. A diferença de doutrinas sagradas de outras religiões, a mensagem bíblica é solidamente enraizada na história. Condui-se que os escritos bíblicos não podem ser corretamente compreendidos sem um exame de seu condicionamento histórico. As pesquisas «diacrônicas» serão sempre indispensáveis à exegese. Qualquer que seja o interesse das abordagens «sincrônicas», elas não estão à altura de substituí-las. Para funcionar de maneira fecunda, estas devem primeiramente aceitar as conclusões das outras, pelo menos em suas grandes linhas.

Mas, uma vez preenchida esta condição, as abordagens sincrônicas (retórica, narrativa, semiótica e outras) são suscetíveis de renovar em parte a exegese e de dar uma contribuição muito útil. O método histórico-crítico, efetivamente, não pode pretender o monopólio. Ele deve ser consciente de *seus limites*, assim como dos perigos que o espreitam. Os desenvolvimentos recentes das hermenêuticas filosóficas e, por outro lado, as observações que pudemos fazer sobre a interpretação na Tradição Bíblica e na Tradição da Igreja colocaram em evidência vários aspectos do problema da interpretação que o método histórico-crítico tinha tendência a ignorar. Preocupado, efetivamente, em bem fixar o sentido dos textos, situando-os no contexto histórico original deles, este método mostra-se algumas vezes insuficientemente atento ao aspecto dinâmico do significado e às possibilidades de desenvolvimento do sentido. Quando ele não vai até o estudo da redação, mas se absorve unicamente nos problemas de fontes e de estratificação dos textos, ele não preenche completamente a tarefa exegética.

Por fidelidade à grande Tradição, da qual a própria Bíblia é testemunha, a exegese católica deve evitar tanto quanto possível esse gênero de deformação profissional e manter sua identidade de *disciplina teológica,* cuja finalidade principal é o aprofundamento da fé. Isso não significa ter um compromisso menor com uma pesquisa científica mais rigorosa, nem a deformaçãos dos métodos por preocupações apologéticas. Cada setor da pesquisa (crítica textual, estudos linguísticos, análises literárias etc.) tem suas próprias regras, que é preciso seguir com toda autonomia. Mas nenhuma dessas especialidades é uma finalidade em si mesma. Na organização de conjunto da tarefa exegética, a orientação em direção à finalidade principal deve permanecer efetiva e evitar os desperdícios de energia. A exegese católica não tem o direito de se parecer com um curso d'água que se perde nas areias de uma análise hiper-crítica. Ela deve preencher na Igreja e no mundo uma função vital, isto é, contribuir para uma transmissão mais autêntica do conteúdo da Escritura inspirada.

É bem para esta finalidade que tendem desde já seus esforços, em ligação com a renovação das outras disciplinas teológicas e com o trabalho pastoral de atualização e de inculturação da Palavra de Deus. Examinando a problemática atual e exprimindo algumas reflexões a esse respeito, a presente exposição espera ter facilitado a todos uma tomada de consciência mais clara do papel dos exegetas católicos.

Roma, 15 de abril de 1993.

ÍNDICE

DISCURSO
DE SUA SANTIDADE O PAPA JOÃO PAULO II

Introdução 5

I. Da «Providentissimus Deus»
à «Divino afflante Spiritu» 8
II. Harmonia entre a exegese católica
e o Mistério da Encarnação 11
III. O novo documento da Comissão Bíblica 19

Conclusão 23

A INTERPRETAÇÃO DA BÍBLIA
NA IGREJA

**Prefácio do Cardeal Ratzinger
ao Documento da Comissão Bíblica** 27

Introdução 31

A. Problemática atual 31
B. O objetivo deste documento 35

I. Métodos e abordagens
para a interpretação 37

A. Método histórico-crítico 37

    1. História do método 37
    2. Princípios 40
    3. Descrição 41
    4. Avaliação 43

B. **Novos métodos de análise literária** 46

    1. Análise retórica 47
    2. Análise narrativa 50
    3. Análise semiótica 54

C. **Abordagens baseadas na tradição** 57

    1. Abordagem canônica 58
    2. Abordagem com recurso
       às tradições judaicas de interpretação 61
    3. Abordagem através
       da história dos efeitos do texto 64

D. **Abordagens através
das ciências humanas** 66

    1. Abordagem sociológica 66
    2. Abordagem através
       da antropologia cultural 69
    3. Abordagens psicológicas e psicanalíticas 71

E. **Abodagens contextuais** 74

    1. Abordagem da libertação 74
    2. Abordagem feminista 78

F. **Leitura fundamentalista** 82

II. **Questões de hermenêutica** 87

A. **Hermenêuticas filosóficas** 87

    1. Perspectivas modernas 87
    2. Utilidade para a exegese 90

B. **Sentido da Escritura inspirada** 93

    1. Sentido literal 94
    2. Sentido espiritual 97
    3. Sentido pleno 100

III. **Dimensões características da interpretação católica** 103

A. **A interpretação na Tradição bíblica** 104

    1. Releituras 105
    2. Relações entre o Antigo
       e o Novo Testamento 107
    3. Algumas conclusões 110

B. **A interpretação na Tradição da Igreja** 113

    1. Formação do Cânon 113
    2. Exegese patrística 116
    3. Papel dos diversos membros
       da Igreja na interpretação 119

C. **A tarefa do exegeta** 124

    1. Orientações principais 125
    2. Pesquisa 127
    3. Ensinamento 128
    4. Publicações 130

D. **As relações com as outras disciplinas teológicas** 131

    1. Teologia e pré-compreensão dos textos bíblicos 132
    2. Exegese e teologia dogmática 133
    3. Exegese e teologia moral 134
    4. Pontos de vista diferentes e interação necessária 136

IV. **Interpretação da Bíblia na vida da Igreja** 139

A. **Atualização** 139

    1. Princípios 140
    2. Métodos 141
    3. Limites 143

B. **Inculturação** 145

C. **Uso da Bíblia** 148

    1. Na liturgia 148
    2. A lectio divina 150
    3. No ministério pastoral 152
    4. No ecumenismo 156

Conclusão 159

Rua Dona Inácia Uchoa, 62
04110-020 – São Paulo – SP (Brasil)
Tel.: (11) 2125-3500
paulinas.com.br – editora@paulinas.com.br
Telemarketing e SAC: 0800-7010081